中國歷史之旅

三國鼎立

宋詒瑞 著

U0111395

新雅文化事業有限公司
www.sunya.com.hk

目 錄

導讀

東漢末年，地方軍閥在鎮壓黃巾起義的過程中各據一方，最後形成魏（曹操）、蜀（劉備）、吳（孫權）三國鼎立的局面。

三國混戰，各國都在自己的統治區內開發與建設，促進了地方的經濟和文化的發展。如曹魏興修了許多水利工程；蜀漢努力在西南邊遠地區發展農業和熬鹽、織錦等手工業。吳國加速開發長江下游，提高稻米和蠶絲的產量等。

後來司馬父子篡奪曹氏江山，滅了蜀和吳，建立西晉。及後一度被匈奴所滅，於江南建立東晉，與北方的十六個割據政權形成南北朝對峙的局面。一百年間，南朝經歷了宋、齊、梁、陳四朝，北朝先後有北魏、東魏、西魏、北齊與北周，最後北周統一北方，實行漢化政策，促成華夏大家庭。

新雅文化事業有限公司於1997年第一次出版《中國歷史之旅》系列，簡明有趣的說故事手法，一直深受小讀者的喜愛。如今重新出版，除有精美的彩色插圖，還加入了「思考角」和「知多一點」兩大內容，跟小讀者分享對中國歷史故事的看法和觀點，還有延伸知識、談談一些典故的出處和古今意味等，希望小讀者們能以自己獨特的角度，細味中國歷史，論人論事。

1. 董卓作亂

黃巾起義之後，東漢王朝已經搖搖欲墜；後來靈帝去世，繼位的十四歲少帝又壓不住陣腳，外戚和宦官兩大集團之間發生了一場大火併，更加速了王朝的崩潰。此時，外戚大將軍何進召來了**并州**①牧董卓，本想要他幫助對付宦官，誰知卻引狼入室，給東漢王室和洛陽人民帶來了一場大災難。

董卓本是**涼州**②的豪強，在當地結交了一批豪強地主，稱霸一方，成了**隴西**③一個很有勢力的軍閥。他在鎮壓黃巾起義中立了功，升了官，做了并州牧。

外戚④大將軍何進的手下有個中軍校尉袁紹，建議何進秘密召集地方兵力進京，來迫使太后剷除宦官。何

小知識

①**并州**：約相當於現今山西大部分和內蒙古、河北省的一部分地區。牧，是管理人民的意思，即是并州最高長官。

②**涼州**：約相當於現今甘肅、寧夏和青海、蒙古一帶的北方邊境地區。

③**隴西**：古代甘肅省東南部的一個郡，因在隴山以西而得名。

④**外戚**：指帝王的母親和妻子方面的親戚。

進就寫信給董卓，叫他迅速來京。

消息傳到**宦官**①耳裏，他們就先下手為強，把何進騙進宮裏殺了。袁紹知道後，派他的弟弟袁術攻打皇宮。袁術放了一把火，率兵衝進宮裏到處搜尋宦官，見一個殺一個，無論老少長幼，只要是沒有鬍子的就殺，一口氣殺了三千多人，其中有些人不是宦官，只是年紀輕，沒長鬍子，也就糊糊塗塗地做了枉死鬼。

經過這場火併，外戚和宦官兩敗俱傷，此時，董卓帶了三千人馬，進城來坐享漁人之利了。他本來就有侵佔中原的野心，此次受召簡直是天賜良機！

董卓的人馬少，他怕壓不住陣勢，便耍了個花招：在半夜裏把三千人馬開出城去，第二天白天再大張旗鼓地進城。如此幾次進出，洛陽人弄不清董卓到底調來多少兵力，以為他勢力強大，原先何進的部隊就都歸順了他。

負責京城治安工作的長官丁原看出了董卓的野心，對董卓的行為很不滿。董卓知道不除掉丁原就不能達到自己奪權的目的。丁原手下有個叫呂布的勇士，力氣大、武藝高強，董卓派人用重金去收買他。呂布受了賄賂，不幾天就殺了丁原，投靠董卓，董卓收他作乾兒

子，叫他隨時跟在身邊作保鑣。

公元189年，董卓毒死了少帝，立獻帝，他自己做了丞相，獨攬朝政大權，在洛陽為所欲為。

有一次，董卓帶些士兵去郊區遊玩，正好遇上那兒在舉行**廟會**②，老百姓都去趕集，人來人往，熙熙攘攘。董卓手下的士兵都是隴西一帶漢、羌、胡各族的地主武裝成員，極其野蠻兇殘。那天他們一時殺性大發，竟衝入人羣，把集上的男子統統殺死，搶走婦女和財物，還把砍下來的人頭掛在**車轅**③上回洛陽，一路上耀武揚威地大叫：「打了勝仗回來了！」

袁紹袁術兄弟和曹操都看不過董卓的所作所為，逃出洛陽。袁紹到了渤海郡，聯合其他郡起兵討伐董卓的部隊，組成關東軍，對洛陽採取了半圓形的包圍陣勢。另方面，黃巾軍的餘部也在不斷打敗董卓的軍隊。

小知識

①**宦官**：也叫太監，侍奉帝王及其家屬的人。

②**廟會**：舊時設在寺廟裏或附近的集市，在節日或規定的日子舉行。

③**車轅**：大車或馬車前部駕牲口的兩根直木。

董卓怕兩面受圍，便不顧大臣們反對，決定把漢獻帝和上百萬洛陽人口遷到長安去。百姓們不願跟他走，他就把百姓編成許多小隊，每小隊派一隊士兵押送，強行遷徙。董卓怕百姓半途逃回洛陽，就派軍隊把洛陽的宮殿、官府、廟宇、民房全部燒掉，洛陽周圍二百里以內被燒得雞犬不留。東漢的政治經濟文化中心洛陽，就這樣被董卓這羣殘暴的軍閥毀滅了！

　　一些富豪人家來不及在限定日期內搬走的，董卓就殺了他們，沒收他們的財產。他還叫呂布把以前王族的墓掘開，掠去墓中的珍寶。趁此次遷都，董卓大大發了一筆橫財。

董卓到了長安以後，更加專橫跋扈，窮奢極侈。他自稱**太師**①，要獻帝尊他為「**尚父**②」。他外出的時候，動用天子的儀仗隊，氣勢逼人。他還把自己的兄弟、姪子封為大官或將軍，連他的剛出生的兒子也封為侯。

董卓不管人民死活，徵集了二十五萬民伕，在長安附近建了一個城堡，裏面囤積了他搜刮到的珍寶財物和足夠吃三十年的糧食，外面用又高又厚的城牆圍着。他得意地對人説：「大事成了，天下就是我的；萬一不成，在這裏守着這些也足夠我過一輩子了！」

百姓們對董卓恨透了，巴不得他早點死去。當時長安市中流傳着一首歌謠：「千里草，何青青！十日下，不得生。」「千里草」和「十日下」指的是董卓，意思是：殘暴的董卓啊，你怎麼還活着？十日之內你快死了吧！

當時幫董卓治理國事的是東漢大臣王允，他忠於漢室，但表面假意奉承董卓，耐心等候合適的機會。

董卓的脾氣很壞，文武官員説話一不小心觸犯了他，就要丟腦袋。一次，呂布在説話中頂撞了董卓，他隨手就把身邊的一支小**戟**③朝呂布扔了過去，嚇得呂布

眼明手快，身子一側躲過了。事後雖然兩人言好了，但呂布心裏存了個疙瘩，總是有些不痛快。

王允看出呂布對董卓的不滿，就拉攏他作為內應來殺掉董卓。呂布一聽，很猶疑，説：「我是他的乾兒子，怎能殺害父親呢？」

王允説：「將軍別糊塗了，你姓呂，他姓董，本來就不是至親骨肉。再説，他向你扔戟的時候，還有一點父子間的感情嗎？」

呂布覺得他説的有道理，便答應了。

公元192年，大病初癒的獻帝召見各大臣。董卓身穿防身鐵甲，外罩上朝長袍，大搖大擺出門來，騎上馬，由兩旁士兵護衞，向宮殿行去。

王允和呂布早就約了幾個心腹勇士扮作衞士混在隊伍裏，在宮門口守着。董卓的車一進宮門，就有人衝

小知識

① **太師**：輔佐國君的大官。

② **尚父**：一種尊稱，意為可尊尚的父輩。

③ **戟**：古代兵器。長柄，頂端有鐵或青銅製槍尖，旁邊有月牙形鋒刃。

出來，手拿着戟向董卓的胸口刺去，但是扎在董卓胸前的鐵甲上，沒刺進去。

董卓的手臂被刺傷了，他忍痛大叫：「呂布在哪兒？」

呂布從車後轉了出來，高聲宣布：「奉皇上詔書，討伐奸賊董卓！」

董卓見乾兒子背叛了他，罵他說：「狗東西，你也做這種事？」話還沒說完，呂布已舉起長矛，一下就戳穿了董卓的喉頭。士兵們擁了上去，砍下了董卓的頭。

呂布拿出詔書宣布：「皇上有令，只殺董卓，別人一概不追究！」士兵們大呼萬歲。

長安的百姓們聽到董卓已死的消息，都跑到街上狂歌歡呼，慶祝了一番。可惜好景不常，不久後，董卓的部將打進長安，殺死王允，趕跑了呂布，長安百姓又一次遭了殃。

人中呂布

　　說起董卓，就一定會聯想到呂布。呂布在歷史上號稱「飛將」，力大無窮，善於騎射，人稱「馬中赤兔，人中呂布」（赤兔馬是呂布的坐騎），被認為是三國第一猛將。但是在《三國演義》中張飛也給了他一個不怎麼好聽的稱號——「三姓家奴」。

　　這是因為呂布三易其主，按現代的話來說就是多次「跳槽」，投靠不同主子。他本是漢朝負責京城治安的長官丁原的手下，但被人用赤兔馬和重金收買後就殺了丁原，提着他的腦袋去歸附董卓，兩人雖情如父子，但後來經大臣王允唆使又親手殺了董卓。期後呂布先後投奔袁紹、張楊、劉備……他為了私利不惜多次出賣主子，最後也被自己的部下出賣了。

　　呂布雖勇猛善戰，但他追逐名利，為了一點私利背信棄義，弄得自己臭名昭著，浪費了天生武將之才。

　　人心不足蛇吞象，呂布的一生是對人們絕好的警世教材。

2. 曹操起兵

三國時期，有一位舉足輕重的人物——曹操。

曹操此人在中國歷史上存在很大爭議，有人佩服他精明能幹，有勇有謀，是位傑出的政治家和軍事家；也有人說他奸詐非常，多疑殘暴，是個「奸雄」。

曹操字孟德，小名阿瞞，沛國譙縣人。公元155年出生在一個有權勢的大官僚家庭，祖父及父親都是漢朝的大官，父親曹嵩曾任太尉。

曹操小時候就很頑皮，常常遊蕩街上，無所事事，他的叔父就常在曹嵩面前告發他。有一次曹操在街上逛，正好遇見叔父，他便故意口吐白沫，渾身抽搐，裝作是**急性中風**①的樣子。他叔父趕快去告訴曹嵩，曹嵩趕來一看，曹操好好的，絲毫沒有什麼中了風的樣子，覺得很奇怪。曹操就說：「我什麼時候中風了？這都是叔父不喜歡我而瞎說的。」這樣一來，曹嵩以後就不再相信叔父的話了。

曹操二十歲就做官了，先是擔任皇帝的侍從官，後來調任洛陽北部尉，負責洛陽北部的治安。當時外戚和宦官倚仗權勢為非作歹，洛陽的治安很不好，曹操決

心好好整頓京都的秩序。他一到任就頒布了一道「夜禁令」，禁止深夜酗酒遊蕩，又派士兵每晚巡查。還叫工匠做了二十多根五色大棒懸掛在衙門兩旁，準備嚴懲違法亂紀的人。

一天晚上，曹操親自帶領一隊士兵出外巡夜。寂靜的街道上忽然傳來一陣狗叫聲，曹操循聲找去，見到一個當地出名的地頭蛇「蹇大人」企圖闖入民宅去強搶民女，「蹇大人」是皇帝親信宦官蹇碩的叔叔，平時誰也不敢動他一根毫毛。曹操可不管這些，令人拿來五色大棒將他一頓痛打，那惡霸經受不起，當場就死了。這事轟動了整個洛陽，大家部稱讚曹操不怕權貴，執法嚴明。

黃巾起義時，漢靈帝封曹操為**騎都尉**②，率兵去鎮壓起義，不久，曹操大獲全勝歸來，名氣就更響了。因

小知識

①**急性中風**：中醫學病症，指突然昏倒，口眼歪斜、
　　　　　　　言語困難或半身不遂等病症。
②**騎都尉**：清朝所設置的官，與奉車、駙馬並稱三都
　　　　　　尉。宋、元、明朝都沿用，清朝改為世襲
　　　　　　制。

此董卓進京後曾想以升官來拉攏他。但曹操看出董卓倒行逆施，不得人心，遲早要垮台，所以不願與他合作，他冒險逃出洛陽想回老家去。

逃亡途中，曹操來到成皋（粵音高），想在父親的老朋友呂伯奢家過一夜。呂伯奢不在，他的五個兒子堅持要他留下，很熱情地招待他。曹操與他們不熟，見他們如此熱情，心裏反倒起了懷疑。忽然他聽見後院響起「沙沙」的磨刀聲，還有人在説：「別叫他跑了，還是捆起來殺了吧。」曹操一聽，立刻拔劍衝出房門，見人就殺，從前院殺到後院，一口氣殺了呂家八人。等他住了手定晴一看，原來後院關着一頭豬，呂家大兒子正在磨的是一把殺豬刀，人家是要殺豬來款待他！曹操心中有些後悔，但轉念一想：「寧可我負天下人，不讓天下人負我。」便翻身上馬而去。

曹操回到了**陳留**①，他父親在那兒已經積蓄了些財產，再靠一些朋友財力上的支援，曹操就把陳留作基地，準備起兵反董卓。不少對董卓不滿的中小地主紛紛帶着他們的人馬來投奔曹操。曹操的隊伍越來越壯大，很快就聚集了五千多人。公元190年正月，他帶兵參加了討伐董卓的關東軍，軍中其他將領抱着割據一方的野

心，為了保存實力，都不敢和董卓交鋒。唯獨曹操帶着幾千人和董卓部隊打了起來，但因寡不敵眾被打敗了，關東軍也就此散了伙。後來曹操在打黃巾軍時得到降兵三十萬，從中挑選精兵，建立「青州兵」，形成了他自己一支獨立的部隊，是以後統一北方的基礎。

小知識

①**陳留**：舊縣名，在今河南省開封縣陳留鎮。

3. 曹操搶到了皇帝

公元189年被董卓扶上皇位的九歲小皇帝劉協，就是東漢的最後一位皇帝——漢獻帝。他雖然在位時間長達三十二年，與光武帝差不多，但是對比光武帝成績輝煌、揚眉吐氣的三十三年，漢獻帝的皇帝生活卻是有名無實、忍氣吞聲的。他的一生命運坎坷，最慘的是在即位初期被幾幫勢力搶來搶去，顛沛流離。

大軍閥董卓立劉協為獻帝後，就獨掌朝廷大權，並匆匆忙忙地挾持獻帝撤出洛陽，逃往長安，想避過黃巾軍和討伐他的關東軍。

這時，以袁紹為盟主的關東軍打着解救獻帝的口號討伐董卓，想從董卓手中搶過獻帝。但他們各自割據一方，誰也不想真打來消耗自己的實力，所以只是持觀望態度。等到曹操軍與董卓部隊交鋒失敗，關東軍也就散伙了。

董卓被王允和呂布合力殺了之後，他的餘黨——涼州軍閥李傕（粵音角）和郭汜造起反來，攻入長安，殺了王允。但是李傕和郭汜之間又為了爭奪獻帝而大打出手。他們先是脅迫獻帝封他們為大將軍，想把獻帝控

制在自己手中。

李傕本是個殘暴的**土匪**①，不懂治理政事，更糟糕的是一連三個月長安地區滴雨不下，旱情嚴重，百姓們都沒有糧食吃。李傕挾持着獻帝當**人質**②，想使其他大臣們屈服。

獻帝左右的宮人都餓得快要死了，獻帝沒法只好親自去向李傕討些白米和牛骨給他們解餓。李傕粗暴地說：「這個時候哪來白米？」只叫人搬來一些腐臭的牛骨。獻帝也不敢發作。

後來獻帝實在受不了，一再向李傕要求放他回**洛陽**③。李傕也覺得長期扣留着獻帝沒意思，便同意了。

獻帝就由舅舅董承護送，離開長安。他正慶幸自己能逃離虎口，不料李傕後悔放了他，心想挾持天子在手總是可以增加自己的威望，所以派了大軍想追回獻帝。

小知識

①**土匪**：指地方上的武裝匪徒。

②**人質**：一方拘留對方的人，用來迫使對方履行諾言或接受某項條件。

③**洛陽**：在河南省西北部，中國古都之一。東周、東漢、三國魏、西晉、北魏、隋、武周、五代、唐等各朝先後定都於此。

在這萬分危急時刻有人建議渡過黃河，到河東去避難。河岸離登船口高十多丈，侍從們就用白絹做繩索，叫人背着獻帝攀着白絹爬下去上船。

獻帝一行辛辛苦苦地到了河東，河東太守送了食物來給他們充飢，獻帝很感謝他的招待，封他為侯。他們在一所破房子裏住了兩年，才回到洛陽。

洛陽已成了一片廢墟，宮殿早被燒光，只剩下斷磚碎瓦，野草叢生。獻帝只好在一個官員的舊房裏暫時安身，文武官員只能搭些草棚避避風雨。最苦的是沒有糧食，獻帝派人到各處去要他們給朝廷送糧，但各地正忙着打仗爭地盤，都不把朝廷放在眼裏，誰也不送來。官員們只好自己去挖野菜，很多人餓死了。

這時，曹操以**兗州**①為據點站住了腳，勢力漸漸擴大。他野心勃勃，想要統一全國。

曹操的謀士們給他出主意：「要消滅各地軍閥統一天下，就要做兩件事：一、要能利用皇帝的名義號令天下；二、注重耕種，積蓄糧食。現在皇上到了洛陽，困苦不堪，若是能把皇上接來，是順民意的事，可以立大功。一旦被別人接去，我們就失去機會了。」

曹操覺得很有道理，正當他想着手去做時，南邊

的軍閥袁術北上，來進攻曹操。剛把袁術打敗，呂布等人又來攻打。曹操經過三、四年的艱苦奮戰，逐一打敗了這些軍閥勢力，才鞏固了兗州，又佔領了許昌，擴大了地盤。

曹操覺得迎接獻帝的時機成熟，便派部將曹洪帶一支人馬到洛陽去接獻帝。

可是獻帝身邊的大臣董承等人知道曹操別有用心，就發兵阻止曹洪入洛陽。

於是曹操就親自出馬去洛陽。他對獻帝說，現在洛陽缺少糧食，但許昌有充足的糧食，只是運送不便，只好請皇上和大臣們暫時搬過去住，以免受凍捱餓。

獻帝在絕望中見到曹操，已是十分高興，又聽說許昌有糧食，更是巴不得立刻搬去。於是在公元196年

小知識

①**兗州**：兗，粵音演。是傳說中的夏禹劃分華夏九州之一，古稱昌邑，歷史上一向是郡、州、府的所在地，是一政治、經濟、文化、軍事中心。三國時屬於魏國，範圍大致在今山東省西南部及河南省東部。

九月，漢獻帝帶着一批皇親國戚、文武大臣，跟曹操來到許昌，改年號為建安元年，表示從此要建立一個安定的漢朝。許昌城成了東漢臨時的都城，稱為**許都**①。

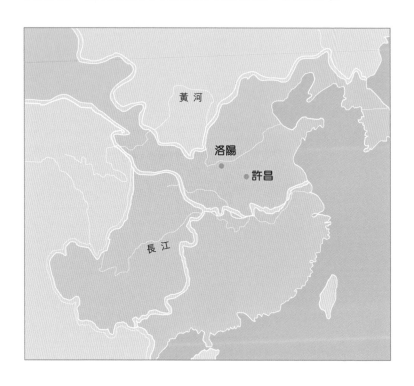

在這場諸軍閥搶皇帝的鬥爭中，曹操終於把皇帝搶到了手，完成統一天下的第一步。

曹操在許都為獻帝建了宮殿，讓他正式上朝。當然，獻帝僅是個掛名皇帝而已。曹操自封大將軍，開始

用漢獻帝的名義向各地豪強發號施令，這就叫做「挾天子以令諸侯」。

曹操首先用獻帝名義下詔書給袁紹，責備他只顧擴大自己勢力，不來援助朝廷。對這點袁紹無話可説，作為漢朝的臣子，他的確沒盡到責任。但後來曹操又用獻帝名義封袁紹為太尉，這下袁紹生氣了，他怎甘心居於曹操之下？所以上個奏章辭了太尉一職。

曹操深知自己的地位還不鞏固，不願得罪袁紹，就把大將軍的頭銜讓給袁紹，自己改稱為車騎將軍。

政局暫時穩定後，曹操便着手第一件工作，就是要解決糧食問題，這個問題不解決，許都也就維持不長的。

曹操採取了**屯田制**②，開出了很多荒地，糧食得到

小知識
①**許都**：即許昌，位於河南省中部，文化歷史悠久，是三國文化之鄉。
②**屯田制**：分民屯和軍屯。民屯就是政府招募流亡農民墾荒種地，政府租給他們農具和牲口，收割的糧食一半交政府，一半歸自己，還可以不服徭役。軍屯是駐軍一面戍守一面種地。

了豐收。據説，一年以後，僅是許都的郊外就收到公糧一百萬斛①。

曹操嚴格命令士兵要保護莊稼，不得踐踏禾苗，違者要偏軍法判罪。

第二年，離許都最近的軍閥張繡揚言要打進許都，劫走獻帝。曹操三次征討張繡，才把他打敗。

一次，曹操帶兵出征，經過一片麥田，看見遍野金燦燦快收割的麥子，他心中十分高興，命令全體將士小心行走，不要碰壞麥穗。忽然，撲刺刺一聲，一雙**斑鳩**②從麥田飛出，撞在曹操所騎的戰馬頭上。戰馬受了驚，嘶叫着竄進了麥田，曹操急忙拉住疆繩，可是已有一大片麥子被踏壞了。

曹操趕緊下馬，叫來了行軍主簿：「我的馬踩壞了麥子，請按軍法定罪。」

小知識

①**斛**：古代量器，十斗为一斛。

②**斑鳩**：一種鳥，身體灰褐色，頭後有白色或黃褐色斑點，嘴短，腳淡紅色，常成羣在田裏吃穀粒，對農作物有害。

③**以髮代首**：古代人認為身體髮膚，受之父母，是不能隨便損毀的，所以割頭髮也是一種刑罰。

「將軍是一軍之主，不能定罪，何況戰馬受驚闖入麥田，是出於意外，不是存心違法。」

曹操沉思了一會：「我自己下的軍令，怎能不執行呢？姑且用割髮來代替砍頭吧！」說着他拔出劍來，刷地一聲割下一把頭髮扔在地上，**以髮代首**③。全軍上下為之震動，以後個個遵守軍令，愛護莊稼，不敢違法。

由於曹操重視農業，獎勵耕作，解決了軍糧問題，為日後打敗羣雄、統一北方奠定了基礎。

說到曹操，曹操就到？

相信大家也聽説過流傳至今的一句俗語：「説到曹操，曹操就到」，這句話的起源説法很多，而且也頗有趣的。

傳説由於當時人們都喜歡用「操」字為名，國境內以曹操為名的同姓名者有數百萬人，還説只要在街上叫一聲「曹操」，馬上就有人回應你呢！

另一説法是因為當時很多漢朝文臣想除掉曹操，曹操就布置了很多耳目留意諸臣的言行。誰在背地裏談論曹操，曹操都知道，有時還會突然出現，所以有説諸臣一談曹操，曹操便立刻駕到。

又一説法是漢獻帝遭到李傕和郭汜追殺時，有人推薦曹操救駕，怎料命令尚未發出，追軍已來到了。在這危急時刻，曹操軍隊趕來成功保駕，正是「説到曹操，曹操就到。」云云。

不論傳説如何，「説到曹操，曹操就到」這句話都是指一提及誰人，誰人便出現了的意思。

4. 煮酒論英雄

漢獻帝被曹操挾持到許都後，雖然衣食不愁，但他也看出曹操是個專權弄勢的人，擔心一日曹操得了天下，自己和皇后夫婦倆就不會有好下場。於是獻帝就召國舅董承入宮，給他一條衣帶，衣帶裏夾有一道用血寫的密詔，要董承帶出宮去用以聯絡忠義之士，設法除掉曹操。董承和親信們秘密商量後，決定找劉備幫忙。

劉備是涿郡人，字玄德，是西漢皇室的後代，但因父親早死，家道中落，從小跟着母親賣鞋賣席過日子。

據說劉備長得很高，手長及膝，耳長及肩，有人說這是帝王的長相。他愛結交英雄豪傑，很有領導才能。漢靈帝末年黃巾起義時，各州郡招募義軍平亂，有兩個販馬的大商人很器重劉備，就送給他五十匹好馬和五百兩金銀來組織地方武裝部隊。

劉備在當地招募士兵，有一天，有兩個壯士前來應徵，劉備一看，這兩人氣勢不凡：

一人叫張飛，字翼德，是劉備的同鄉，本是個屠

夫。他長得虎肩熊臂、腰粗膀圓，一副**武士**①相；他性格直爽，脾氣暴躁，但愛憎分明，見義勇為，所以想參加義軍，為國出力。

另一人叫關羽，字雲長，鬚長二尺，面色如棗，丹鳳眼、臥蠶眉，相貌堂堂。他嫉惡如仇，愛打抱不平，因為殺了土豪，所以從潼關逃來涿郡，在路上認識了張飛，一起前來應徵入伍。

劉備當場和他們交談並考他們的武功，發現他倆武藝高強，才智出眾，不禁十分高興，馬上同意他們入伍。這三人志趣相投、抱負相同，一見如故，後來在桃園**結義**②，成為比親兄弟還親的好朋友。

劉備率軍鎮壓黃巾起義有功，先後做過安喜縣尉和**徐州**③牧，漸漸引起人們的注意，把他列為軍雄之一。但當時劉備的力量還不算大，士兵只有一萬，後來被呂布打敗，就去投靠了勢力強大的曹操。他隨同曹操去攻打呂布，大勝而歸。曹操為他在獻帝前請功，一查他的**宗譜**④，才知道他是西漢中山靖王十四代孫，比獻帝長一輩，獻帝便稱他為皇叔，封他為左將軍。

因此董承認定劉備是反曹操的理想同伙，一天夜裏，董承就去找劉備密談此事。起初劉備以為董承是為

曹操來試探他的，含糊其詞不明確表態。後來董承出示了獻帝的衣帶詔，劉備立刻嚴肅地說：「既然是奉詔討伐曹操，我劉備怎敢不出力呢？」

於是兩人商量具體做法，直談到深夜。

從此，劉備就暗中聯絡一些可靠的人，準備伺機殺掉曹操。他怕引起曹操懷疑，因此白天常在後園種菜打發時間，裝出一副胸無大志的樣子。曹操看出劉備目前只是暫時屈居在此，遲早是想發展自己的勢力，所以雖然表面上很敬重這位皇叔，暗中也在防備他，派人監

小知識

①**武士**：指古代守衛宮廷的士兵。泛指勇敢及力氣大的人。

②**結義**：結即結拜，舊時因感情好或有共同目的而相約為兄弟姐妹。

③**徐州**：在今江蘇省西北部，古稱彭城，是華夏九州之一，中國歷史文化名城，自古是兵家必爭之地，漢文化發源地，現保存有代表兩漢文化的「漢代三絕」——漢兵馬俑、漢墓、漢畫石像。

④**宗譜**：祖宗的家族史。

視他的行動，還準備親自試探試探他。

一天，劉備在澆菜，曹操派人來請他。劉備心裏一驚，硬着頭皮前去。曹操一見他就説：「將軍在家中做的大好事！」

劉備嚇了一跳，以為他和董承密謀的事被曹操知道了。曹操似乎並不在意，接着説了句：「學種菜也不容易呀！」劉備這才放下心來。

曹操拉他來到花園涼亭，擺上酒菜，邊飲邊談。這時天上烏雲密布，大雨將臨。

曹操微笑着對劉備説：「將軍見廣識多，必定知道當世英雄，請為我指點指點。」

劉備不知曹操葫蘆裏賣的什麼藥，心裏有些慌，只得應付着數了些歷代名士，説到當前的英雄時，劉備説：「淮南的袁術，兵強糧足，可算是一名英雄。」

曹操笑道：「他一隻腳已踏入墳墓裏了，早晚會被我收拾掉的！」

劉備又説：「河北袁紹，佔據着冀州，手下良將眾多，勢力強盛，可算是英雄。」

曹操大笑道：「袁紹表面上強大，實際上做事沒魄力沒膽量，優柔寡斷，貪圖小利，又貪生怕死，這種

人不能算英雄。」

　　劉備就説：「那我就説不出還有誰了。」

　　曹操説：「所謂英雄，應該是胸懷大志，腹有良謀，能包藏宇宙、吞吐天地的人。」

　　劉備反問：「那誰能稱得上呢？」

　　曹操用手指指劉備，又指指自己的鼻子：「當今稱得上英雄的，只有你、我兩個！」

　　劉備一聽，吃了一驚，以為曹操洞悉他的心事，心一慌，手中的筷子就掉到了地上。

正巧，這時一陣閃電，雷聲大作。劉備就俯身拾起筷子，說：「好響的雷啊，把我嚇了一大跳！」這樣掩飾了自己的驚慌，敷衍過去。

這次談話之後，劉備知道曹操對自己有了戒心，擔心再在這裏呆下去，會遭曹操毒手，便和關羽、張飛一起商量如何脫身。

正好過了些日子，傳來消息說袁術要途經徐州去投靠袁紹，與他聯兵。劉備乘機對曹操說：「請將軍給我一些人馬，我去截擊袁術。」曹操也害怕袁紹袁術兩兄弟聯手，便同意了劉備的請求。

劉備帶了關羽、張飛離開許都去徐州，打敗了袁術，奪取了徐州，殺了曹操派駐在那裏的守將車胄，自己做了徐州牧。曹操怎能容忍？馬上出兵征討，劉備打不過他，只得去投靠了袁紹。

5. 官渡之戰

公元200年，盤據在北方廣大地區的袁紹，軍事力量和經濟力量都很雄厚，是當時勢力最強的軍閥。曹操佔據着中原部分，挾天子以令諸侯，實力發展也很快。兩強都有統一天下的野心，衝突是難以避免的。公元200年，袁紹命書記官寫了一篇聲討曹操的**檄文**①，文中歷數曹操的罪行，號召天下豪傑共討曹操，這就掀開了袁曹決戰的序幕。

檄文發出後，袁紹命顏良、文醜為先鋒，劉備壓後，他自己帶領主力，總共十萬大軍，浩浩蕩蕩向許都出發。

袁紹大兵壓境，曹操內部將領們的意見也很不一致。有的認為袁紹兵強馬壯，顏良、文醜都是名將，很難對付，有的卻認為袁紹兵士數目雖多，但紀律很差，那些將領也沒什麼了不起。而曹操則認為袁紹此人外強

小知識
①**檄文**：古代用於曉諭、徵召等的文書，特指聲討敵人或叛逆的文書。

中乾，根本沒什麼可怕，反而可以藉此次機會削弱他的力量，奪取他的地盤。

那時，顏良已帶領袁軍進攻**白馬**[①]，企圖引誘曹軍離開**官渡**[②]，因為官渡是許都的屏障，佔領了官渡就能容易地攻打許都。曹操和將領們商量後決定不和袁軍硬打硬拚，而是採取避實就虛、聲東擊西的做法。

曹操派一小部分兵力到西邊，假裝要渡黃河去攻打袁紹後方。袁紹果然中計，趕快調主力部隊去堵截。此時，曹操已親自帶領一支輕騎兵直奔白馬。

顏良等人倚仗兵馬眾多，正得意洋洋地在營中開懷暢飲，曹操兵馬突然出現，殺他個措手不及。顏良被殺，白馬解了圍。

袁紹聽說大將顏良被殺，氣得直跺腳，令大將文醜帶領五、六千騎兵渡河追曹軍。

此時曹軍已從白馬撤軍，沿着黃河向西開往官渡。聽說袁兵追來，曹操就心生一計：他利用這裏險要的峽谷布置了一個迷陣——把六百名騎兵埋伏在山坡上，叫兵士解下**馬鞍**[③]，讓戰馬在山坡上自由蹓躂，又把一些武器盔甲丟在山路上。

文醜率領袁軍趕來，只見滿地的武器馬匹，以為

是曹軍逃命時丟下的，便下馬來爭奪。此時曹操一聲令下，六百名伏兵一起衝殺出來，見袁兵就砍，文醜被砍死，手下士兵逃的逃，降的降，全部潰散。

袁軍接連打了兩次敗仗，士氣低落。但袁紹不肯罷休，命將士繼續進軍，一直趕到官渡，才紮下營寨。曹操的人馬也趕回官渡，布置好陣勢，固守陣地，兩軍進入了相峙狀態。

一天，袁紹巡視陣地，爬上一個土堆，望見了曹軍活動情況。他受到啟發，便命令兵士在曹營外面堆起土山，築起瞭望樓，讓弓箭手居高臨下向曹營射箭，果真殺傷力很大。

小知識

①**白馬**：今河南滑縣。

②**官渡**：今河南中牟縣東北，離許都不到二百里，是南北交通咽喉。

③**馬鞍**：放在騾馬背上供騎坐的器具，兩頭高，中間低。

　　曹操那邊商量對策，他們發明了一種霹靂車，扳動機紐能把十幾斤重的大石塊發射到三百步以外的地方，石塊打塌了袁軍的土山，打得袁兵頭破血流。

　　袁紹又命令兵士挖地道，打算從地道鑽進曹營去偷襲。可是他們的行動很快就被發現了，曹軍就在營前挖一道又長又深的壕溝，切斷袁軍地道的出口。這個計劃又失敗了。

　　就這樣，雙方在官渡對峙了一個多月。曹軍的糧食越來越少，士氣漸漸低落。一天曹操問糧官怎麼辦，糧官說可改用小斛分糧，曹操同意。過了幾天，兵士們大吵起來，說是糧官扣勒了他們的口糧。曹操把糧官找來對他說：「我要借你一樣東西來壓壓陣，希望你同意。」

糧官說：「只要您需要，我一定效勞。」

曹操說：「我要借你的頭一用。」說罷就殺了糧官，把他的頭掛在軍門上，寫着他的罪名是「用小斛分糧，貪污軍糧」。

風波暫時平息了，但是糧食問題還沒解決。曹操便寫了封信叫使者去許都催糧，半途上使者被袁軍捉去。袁紹的謀士許攸讀了使者身上搜出的信後就向袁紹獻計：「目前曹軍在官渡的糧草已盡，許都也必定空虛，如果我們兵分兩頭，分別攻打許都和官渡，可以奏效。」

但是袁紹讀了那信後隨便一扔：「誰知道這是不是曹操的計謀呢？我可不上當！」

正巧此時袁紹的親信派人送信來控告許攸，說他在冀州時貪財受賄，他的姪子侵吞公款，已把他一家收在監裏。袁紹讀信後把許攸痛罵一頓，不許再多嘴。

許攸又氣又恨，想起曹操是他的老朋友，便連夜溜出袁營，投奔曹操。曹操正脫了靴子要睡，聽說許攸來投奔，光着腳出來迎接。

曹操擺酒款待許攸。許攸問曹操：「軍中糧食還可支持多久？」

曹操說：「還可支持一年。」

許攸冷笑：「我看沒那麼多吧。」

曹操馬上改口：「對，只有半年的了。」

許攸站起身就要走，曹操忙拉住他。許攸生氣地說：「我誠心來投奔你，你卻欺騙我！」

曹操放低聲音說：「此事不可宣揚。不瞞你說，只有這個月的糧食了，你看怎麼辦？」

許攸說：「我就是來救你急的。袁紹有一萬車糧食和軍械，全放在離官渡四十里的烏巢，看守的淳于瓊是個酒鬼，防守很差。你只要帶支輕騎兵去偷襲，把糧囤燒了，不出三天，袁軍不戰自敗！」

曹操一聽，連聲說：「妙計，妙計！」

第二天，曹操和將領們擬定好作戰方案。

半夜，萬籟俱寂。曹操安排好重兵守營，他親自率領五千騎兵，打着袁軍旗號，向烏巢進發。烏巢的守兵見有人馬來到，就上前查問，曹軍欺騙他們說：「聽說曹操要偷襲烏巢，我們是袁將軍增派來護糧的。」

曹軍順利摸進烏巢，分頭佔領要道，放火燒糧囤。不一會，濃煙滾滾，烈火熊熊，整片糧倉都卷入烈火之中。喝得醉醺醺的淳于瓊聽說曹軍打進來了，急忙集合士兵準備廝殺，被衝進的曹兵一刀結果了性命。

烏巢被襲、糧草被燒的消息傳到官渡，袁紹嚇得目瞪口呆。他立即命令部將張郃、高覽去進攻官渡曹軍大本營，想切斷曹操後路。但因曹營早有堅固防備，再加上從烏巢回官渡的曹操部隊從後背夾攻，張郃、高覽抵擋不住，投降了曹操。袁紹見大勢已去，和兒子袁譚兩人，連盔甲也來不及穿戴好，慌忙向北逃去，渡過黃河的時候，身邊只剩下八百名殘兵敗將了。

在這場著名的官渡大戰中，曹操以一萬人馬戰勝袁紹十萬大軍，之後乘勝追擊，很快統一了北方。

官渡之戰

① 曹操聲東擊西，領軍直奔白馬，袁軍將令顏良被殺。

袁紹軍

水

○白馬

② 袁紹命大將文醜追擊曹軍。曹操在山上埋下伏兵突襲，文醜被殺。

③ 曹袁兩軍在官渡對峙。

河

烏巢

④ 曹操偷襲烏巢，放火燒掉袁軍糧囤。

洛陽 ○

官渡

⑤ 袁紹下令進軍官渡曹營，遭從烏巢回營的曹軍夾攻。部將張郃、高覽投降。袁軍大勢已去。

曹操軍

許都 ○

曹操從任官、起兵到挾天子建都、打敗袁紹統一北方，是一位了不起的人物。但是人們總覺得他是一代奸臣。你會如何評價？

　　對曹操這個人物，歷史上爭議很大。我們應要全面思考其功過。曹操（公元155-220年）是東漢末年傑出的政治家、軍事家，這是大家都熟悉的，同時他也是一位優秀的文學家、書法家和音樂家。我們先來看看他的政績：

- 他戎馬一生南征北戰，消滅軍閥割據勢力，還征服夷族，統一了中國北方。

- 他善於用人，起用中下層的有為能士。

- 實行一系列政策恢復社會經濟：在北方實行屯田制，官兵民同田，減輕農民負擔；興修水利，發展農業生產。

- 制定嚴明法律懲治豪強，也按照規定處罰自己親屬中的違法者。第三章說到他的馬踩踏了麥田，他割髮來代替砍頭維護軍法。這些都能說明他以身作則遵守法規。

- 他還提倡開源節流，廉潔勤儉，自己的生活很樸素，所任用的官吏都是清廉人士。因此當時政治比較清明，社會風氣有所好轉，這些都是他的積極作用。

- 精於兵法，他曾博覽兵書，自己還註釋過《孫子兵法》。在戰場上他機智靈敏隨機應變，官渡之戰以一萬兵力打敗了袁紹的十萬大軍，是歷史上以少勝多的戰役之一。

曹操在文學、書法、音樂方面都有很深的造詣，他寫的詩歌抒發自己的政治抱負，並反映漢末百姓的苦難；他的散文氣勢雄偉，開創了文學新風氣，被稱為建安文學，與兒子曹丕、曹植是中國文學史上的「三曹」。同時曹操也擅長書法，尤其善於能顯示書法家個性的章草，就是草書的前身。

但是我們也不可以忽略他的另一方面：

- 自負任性，詭計多端（第二章中他誣陷叔父）；

- 生性多疑（第二章中誤殺要款待他的呂家八口，他的信條是「寧可我負天下人，不讓天下人負我！」第四章煮酒論英雄中試探劉備）；

- 作風強悍（第五章中借用無辜糧官的頭顱以平息軍內風波以及徐州屠城事件等）。

無論如何，說曹操是「治世之能臣，亂世之奸雄」還是比較中肯的。他是三國時期的一代梟雄，雖然沒能完成統一中國的大計，但在那段歷史中也是舉足輕重的英雄人物。

6. 孫氏兄弟稱霸江東

當曹操和袁紹在北方激烈爭雄的時候，孫策孫權兄弟逐漸佔據了長江下游地區，勢力一天天壯大起來，成為一支不可忽視的力量。

孫氏兄弟的父親孫堅原是長沙太守，是袁術的部下。一次孫堅替袁術去攻打荊州，被荊州刺史劉表的部將射死。十七歲的孫策就帶兵去投靠父親的老上司袁術。袁術見他少年英俊，很喜歡他，常對人說：「要是我的兒子能像孫郎這樣，我死也無憾了！」

不久，孫策的舅父丹陽太守受到揚州刺史劉繇的欺壓，孫策要求袁術借兵給他去討伐劉繇，幫舅父擺脫困境。袁術覺得劉繇的行動也觸犯了自己在江東的利益，正好可以利用孫策去打擊劉繇，便借了一千人馬給孫策。

孫策向南進軍**江東**①，沿途不斷招兵買馬，有不少人投奔他。他有個從小就很親密的朋友周瑜，也帶了人

小知識
①江東：今長江下游的江南地區。

馬來與他會合，並補充了糧食和其他物資，人數擴充到五、六千。

孫策帶領部隊很快過了江，幫舅父打敗了劉繇，奪回丹陽。他的部隊紀律嚴明，從不搶劫百姓財物，也不虐待俘虜，得到江東百姓的支持，十來天內有兩萬人來投奔。孫策乘勝攻下**吳郡**①，佔領會稽和其他四郡，自任會稽太守，控制了江東六郡的大片地區。

孫策並不滿足於在江東稱霸，想渡江與曹操一比高低。吳郡太守許貢看出了孫策的打算，暗中派人去向曹操報信。送信人在渡江時被孫策的士兵查了出來。孫策一氣之下把許貢殺了，許貢的家屬倉促出逃，決心要報仇雪恨。

趁曹操和袁紹在官渡大戰時，孫策也在積極調兵遣將、準備糧草，想偷襲許都，把漢獻帝掌握在自己手裏。但正在此時，卻發生了一件不幸的事。

一天，孫策帶了一些士兵出外打獵。他見一隻**鹿**②跑過，便策馬去追。到了森林深處，見有三人持槍帶弓等在那裏，見孫策到來，一個人舉起槍刺過來，被孫策用劍擋住，並砍倒了他。但另一人趁孫策不備，朝他頭部射了一箭，射中了臉頰。他們大喊：「我們是為主人

許貢報仇的！」

孫策的士兵趕來，殺死刺客，把血流滿面的孫策送回會稽搶救。但那是一枝毒箭，醫治無效，傷勢越來越重。

孫策知道自己活不長了，就叫來弟弟孫權和長史張昭，吩咐後事。

那時孫權雖只有十九歲，但平時喜歡結交朋友，重用人才，在江東官員中已很有聲望。孫策把**印綬**③掛在弟弟脖子上，說：「我死了以後，江東就靠你了。論上陣打仗，你不如我；但是知人善用，我比不上你。你要好好保住江東這份基業。」

孫策又緊緊握住張昭的手說：「我們江東有長江天險，人才眾多，我們已有了地盤，爭霸天下是大有可為的，希望你好好輔助我弟弟。」

小知識

①**吳郡**：今江蘇省蘇州市。

②**鹿**：哺乳動物反芻類的一科，種類很多，四肢細長，尾巴短，一般雄獸頭上有角，個別種類雌性的也有角，毛多是褐色，有的有花斑或條紋，聽覺和嗅覺都很靈敏。

③**印綬**：舊時稱印信和繫印的絲帶。

説着，就咽了氣。孫策死時才二十六歲。

孫權伏在哥哥身上傷心得大哭。張昭勸住了他，叫他馬上換上官服，騎馬到軍營去巡查一遍。就此，孫權在張昭協助下，開始掌管軍政大權了。過了幾天，周瑜從外地趕回來輔政。孫權一見他就高興地説：「你回來了我就放心了，希望你好好幫助我。」

周瑜説：「張昭是個有見識的人，我只會打仗，沒什麼別的本事，我願意推薦一個人來幫你。」

周瑜向孫權推薦了很有軍事才能的魯肅，孫權身邊又多了一個出謀劃策的人。

當時江東的局勢還不大穩定，人心浮動。許多人對孫權持觀望態度，懷疑他是不是有能力，統治能否長久。有的人甚至公開背叛，廬江太守李術就是一個。孫權果斷地調動軍隊前去消滅了李術，把李術的三萬部隊全部收過來。

大家看到孫權如此有魄力有膽略，很佩服他，都願意服從他的指揮，局勢才漸漸穩定下來。

曹操見孫權勢力漸強，便於公元202年派使者來江東，要孫權送一個兒子到許都去做人質，以示兩家和好。孫權與官員們討論此事。

張昭怕打仗，說：「我們不送去的話，曹操就有藉口出兵來打江東，到時候就危險了。」

　　周瑜反對向曹操屈服，說：「如果送人質去，我們就成了曹操的附庸，就要聽他指揮了。現在我們佔地廣大，兵精糧足，不用怕他！」

　　孫權也不同意向曹操稱臣，他們就拒絕了曹操的要求。曹操見硬的不行，就改變策略。他用朝廷名義封孫權為征虜將軍，兼會稽太守，以此來籠絡孫權，穩定江東。

　　在文臣武將齊心協力的輔佐下，孫權認真管理政事，增強軍事實力。由孫策開創的稱霸江東的事業，在孫權手中得到了鞏固和發展。

7. 三顧茅廬訪臥龍

官渡之戰中，袁紹大敗，原來投靠袁紹的劉備只得帶了關羽和張飛去投靠**荊州**①牧劉表。劉表撥給他一些人馬，讓他駐在一個叫新野的小縣城。劉備是個有志向的人，但是起事二十年以來，一直寄人籬下，未能實現自己的抱負，他心中悶悶不樂。

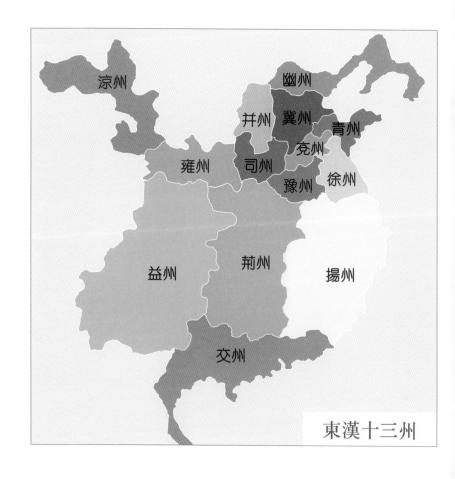

東漢十三州

劉備思考了自己二十年來的經歷，覺得關鍵問題是自己身邊缺少一位能高瞻遠矚、出謀獻策，又能指揮千軍萬馬的幹才，他決意要尋訪這樣一位能人來協助自己。

當時，從各地有不少人來投奔他，他也常常外出，四處訪求人才。

一次他慕名去訪問一個叫司馬徽的名士，向他請教天下大勢。

司馬徽一聽他的來意，哈哈大笑起來：「像我這樣平凡的人，懂什麼天下大勢！你得找有才能的俊傑。」

劉備問他：「到哪兒去找這樣的俊傑呢？」

司馬徽說：「這一帶有臥龍，有鳳雛。你能請到其中一位，就可以得天下。」

劉備連忙向他打聽臥龍和鳳雛是誰，司馬徽告訴他：臥龍叫諸葛亮，字孔明；鳳雛叫龐統，字士元。

小知識

①**荊州**：東漢把天下劃為十三州，荊州是三國版圖的中心地，管轄範圍比現今湖北省荊州市大幾十倍，包括湖北、湖南大部分、河南、重慶、四川、貴州、廣東、廣西一小部分，是當時魏蜀吳三國不惜一切代價爭奪之地。

劉備謝了他，回到新野。正好有一個叫徐庶的名士來投奔他，劉備留他作謀士。言談之間徐庶也提起了臥龍，說：「他是我的老朋友諸葛孔明，是個了不起的人才，將軍願見他嗎？」

先後有兩位名士如此推崇臥龍，劉備心動了，就向徐庶詳細打聽他的情況。

原來諸葛亮不是本地人，老家在**琅琊郡陽都縣**①。他從小父母死了，就跟叔父到荊州來避難。他十七歲那年，叔父也死了，他就在**隆中**②的臥龍崗蓋了幾間茅屋，定居下來，一邊種田，一邊讀書。他常和朋友一起攻讀史書，切磋學問，談論天下大事。他有學問、有抱負，想為天下百姓謀福利。他不羨慕當官的榮華富貴，但看到國家衰亡，百姓受苦，心中十分難過。他常把自己比作春秋戰國時代的管仲和樂毅，要像管仲輔助齊桓公創霸業和樂毅替燕昭王打敗齊國那樣，為國家出力。熟悉他的人，都認為他是個了不起的人物，就稱他為「**臥龍先生**③」。

劉備聽了介紹很是高興，就要徐庶帶諸葛亮來見他。徐庶搖搖頭說：「像他這樣難得的人才，不能隨便叫他來，應該恭恭敬敬親自去請才行！」

一個秋天的早上，劉備領着關羽和張飛來到隆中拜訪諸葛亮。這裏山巒起伏，樹木葱鬱，風景秀麗。諸葛亮所住的**茅屋**④掩映在一片蒼松翠竹和紅楓之中，屋前小橋流水，屋後有臥龍山脈蜿蜒，一片田園美景。

下馬後，劉備親自去叩門，一個小童出來，説是臥龍先生一早就出了門，可能是到朋友家去讀書了。劉備只得留下禮物，失望地離開。

第二次去拜訪，已是深冬時分。三人騎馬在山道上奔馳。關羽心中嘀咕：「求賢完全可以請人禮聘，又何必兄長親自冒着風雪，長途跋涉來呢？」張飛忍不住發牢騷説：「天氣這麼冷，還要出來求什麼賢！諸葛亮不過是個山野村夫，有什麼了不起！不如我一個人前去，把他捆了帶來！」

小知識

①**瑯琊邵陽都縣**：今山東省沂水縣南。

②**隆中**：今湖北省襄陽縣西北。

③**臥龍先生**：比喻諸葛亮就像一條臥在地上，準備騰空而起的龍；又因為他住在臥龍崗，所以尊他為臥龍先生。

④**茅屋**：屋頂用蘆葦、稻草等物蓋的房子，大多簡陋矮小。

劉備生氣地喝斥他：「不得無禮！你怕冷就別去！」

這次風雪之行仍沒有結果，只見到諸葛亮的弟弟諸葛均，聽他說，諸葛亮在前一天就出門到朋友家去了。

冬去春來，劉備打算第三次去拜訪諸葛亮。關羽和張飛都不想去了，他們認為這位臥龍先生是徒有虛名的狂徒，那兩次是他故意迴避。

但劉備求賢心切、堅持要去，關、張只得陪他前往。

春天的**山谷**①裏，鳥語花香，生機勃勃，一切都充滿着希望。果然，他們這次沒有白跑，諸葛亮在家，但是正在午睡。劉備囑童子別叫醒他，自己在一旁等候。張飛一聽火了：「什麼？在午睡！這傢伙這麼傲慢，待我到後房去放一把火，看他起不起來！」

小知識

①**山谷**：兩座山之間低凹而狹窄的地方，中間多有溪流。

諸葛亮不是故意怠慢劉備。他是在測試劉備有沒有誠意，所以第一、二次他故意離開家不見他們。現在見劉備真心誠意一定要見他，他也被感動了，就請劉備入內見面。

諸葛亮身長八尺，風度翩翩，很有神仙的氣質。劉備為諸葛亮的風采所傾倒，深深下拜道：「如今漢室衰危，奸臣當道。我想為國效力，但才薄力弱，先生有何高見？」

諸葛亮見劉備虛心請教，就根據自己多年的觀察和判斷，對當時的政治、軍事形勢進行了分析，推心置腹地談了自己的主張。他說：

「自董卓作亂以來，天下豪傑蜂起，割據一方，爭奪天下。曹操力量比不上袁紹，但能打敗袁紹，是因為他善用計謀。現在曹操擁有百萬人馬，挾天子以令諸侯，不可和他爭鋒，孫權據有江東，地勢險要，百姓擁護，又有賢士協助，對他只能聯合。荊州是軍事要地，**益州**①**是天府之國**②，都是英雄能用武之地。」

接着，諸葛亮又為劉備制定了切實可行的奪天下的大計：「奪荊州，取益州，作為立足之地，對外聯合孫權，共同抗曹；對內整頓內政。一旦有機會，就可

從荊州和益州兩路出發攻曹。將軍是皇室後代，天下聞名，到時候，百姓們一定會備好酒菜來道歡迎您。如此，漢室可恢復，您的事業可以成功！」

劉備聽後，只覺得眼前豁然開朗。他十分敬佩諸葛亮頭頭是道的分析和切中要害的建議。他誠懇地握住諸葛亮的手說：「可惜我們相見太晚了！請先生以漢室為重，助我劉備一臂之力！」

諸葛亮見劉備如此熱情懇切，便跟着他到新野去了。後人就把這次談話稱作「隆中對策」，把這件事叫作「三顧茅廬」。

當年，諸葛亮只有二十七歲。他出山來輔佐劉備，成為劉備最得力的謀士。關羽和張飛見諸葛亮這麼年輕，卻受到劉備這麼重視，心中不大高興，難免有些微詞。劉備向他們解釋說：「我得到諸葛亮，就好比魚得到水一樣，請你們不要再多說！」

劉備「禮賢下士」，尊敬和重視讀書人的態度，一直為後人所稱頌。

小知識

①益州：現在四川、雲南和陝西、甘肅、湖北、貴州的一部分。

②天府之國：指土地肥沃、物產豐富的地方，在中國一般把四川稱為「天府之國」。

三顧茅廬的啟示

劉備聽好幾個人向他推薦說隱居在隆中臥龍崗的諸葛亮是個可以協助他打天下的人才，便不辭辛勞三次親去拜訪。儘管他的結義兄弟關羽和張飛都很不以為然，認為不值得為這村野小子如此屈尊去求，但是劉備求才若渴，第三次甚至在門口等諸葛亮午睡起來。諸葛亮是存心試探劉備是否有誠意來找他，後被劉備的一片真心打動，所以出山來幫他。

從這件史實中引伸出好幾個成語，現在我們再把這些成語的意思作一清晰的解釋：

三顧茅廬：比喻誠心誠意、反覆嘗試邀請有能之士出手相助。諸葛亮於《出師表》寫道：「先帝不以臣卑鄙，猥自枉屈，三顧臣於草廬之中。」說出對先帝劉備不計較自己身分卑微，三次紆尊降貴，誠心邀請自己幫助而深受感動。

禮賢下士：以謙卑虛心的態度去對待賢能之士，不理對方身分的高低。

不恥下問：不以向地位、學問較自己低的人請教為可恥，形容虛心好學的態度。

開誠相見：敞開胸懷，坦誠以對，形容待人誠懇，真心真意的態度。

膽肝相照：比喻朋友間坦蕩真誠，情同手足，互相扶持。

推心置腹：坦誠相待，沒有秘密隱瞞對方。

肺腑之言：出於內心的真誠的話。

作為英明的領導、上級，應該有三顧茅廬、禮賢下士、不恥下問的態度；而作為被需求的人，也要以開誠相見、膽肝相照、推心置腹的態度説出肺腑之言，幫助領導者。

劉備對諸葛亮是絕對信任，臨終前還托孤給他；而諸葛亮則是對劉備披肝瀝膽，對受託付的職責鞠躬盡瘁，死而後已。

這是一段受人們世代稱頌的君臣關係、協作情誼，簡括為八個字──誠心求人，真心助人，是我們後人值得學習與借鑒的。

8. 火燒赤壁

官渡之戰後，曹操消滅了袁紹主力，統一了北方。他發展生產，增強軍事力量，打算進軍南方，消滅荊州的劉表和江東的孫權，統一天下。曹操訓練了一批水軍，籌集了軍糧，於建安十三年，即公元208年的七月，親自率領十萬大軍南下。

曹軍還沒開到荊州，傳來劉表病死的消息，繼位的次子劉琮嚇破了膽，投降了曹操。投靠劉表駐在樊城的劉備匆匆向江陵撤退，這一帶的百姓都擁護劉備，都要跟他走。劉備帶着十數萬軍民每天只能走十幾里路，速度緩慢。曹操探聽到江陵有大批糧食和武器，便統率五千騎兵日夜兼程追趕劉備，在**長坂坡**①一地追上了。

疲憊不堪的劉備軍隊全無招架之力，十幾萬軍民被打得七零八落，劉備和諸葛亮抄小路逃走，張飛壓陣。最危急時曹操已追上，只見張飛倒豎雙眉，圓睜虎眼，手拿**蛇矛**②在馬上大吼道：「我是張翼德，誰敢與我決一死戰？」曹軍竟無一人敢與他交戰，紛紛向後退去，劉備他們才得以脫身。

曹操佔領了江陵和荊州江北四郡，收編了荊州軍七、八萬人馬，以及車船等軍用物資。

劉備等人渡過漢水，逃到長江南岸。軍師諸葛亮建議劉備聯合孫權共同抗曹，劉備就派諸葛亮出使江東。

此時，孫權對曹操的南下很感緊張，對形勢抱觀望態度。曹操見孫權不敢得罪自己，便向他下了戰書，書中說：「我奉皇帝之命討伐罪人，劉琮已投降，現調動水陸八十萬大軍，來與將軍較量一番。」

孫權召集文武大臣商量對策。許多大臣看了戰書後臉色都變了，朝中出現主和及主戰兩派。主和派張昭說：「曹操用天子名義來征討，我們已是理虧一首。他又得了荊州，水陸並用，我們的長江天險已靠不住了，哪裏是他的對手？快些投降吧！」

眾多大臣紛紛附和張昭。只有謀士魯肅等幾個人堅決主戰。孫權猶疑不決。

小知識

①**長板坡**：今湖北當陽縣東北。

②**蛇矛**：古代的一種兵器。

正在這緊要關頭，諸葛亮到了東吳。他見孫權生得相貌威武，年輕氣盛，心想：對此人要用**激將法**①！便對孫權說：「現今曹操已取荊州，馬上將進攻東吳。將軍若認為可以對抗他，就趁早和曹操斷絕關係，和我們一起對付他，否則不如早些投降，以免大禍臨頭！」

孫權反問道：「那劉將軍怎麼不投降呢？」

諸葛亮嚴肅地說：「人各有志。劉備是皇室後裔，才能蓋世，怎能中躬屈膝地投降呢！」

孫權激動地說：「我孫權也是名將之後啊，又怎會投降？怎會把江東土地和十萬人馬白白送人？但是劉將軍剛打了敗仗，還有多少人馬？」

諸葛亮說：「你放心吧，還有二萬水軍。」他還向孫權分析了形勢：「曹軍兵馬雖多，但遠道而來，一日一夜行軍三百多里，已很疲乏；北方士兵水土不服，不善水戰；荊州兵被迫歸附，尚未心服。只要孫劉聯手，可以敗曹。」

孫權被他說得有些心動了，便去找大將周瑜商量。

周瑜堅決反對投降，他說：「江東地方數千里，兵精糧足，應當橫行天下，哪能向曹操稱臣？曹軍充其量只有二十萬，給我幾萬精兵，我保證打敗他們！」

孫權聽了精神一振。他抽出佩刀，「嘩」地砍下案桌一角說：「誰要再提投降曹操，就和這桌子一樣！」

孫權任命周瑜為**都督**②，給他三萬水軍，會合劉備協同作戰。孫劉聯軍進駐長江南岸的**赤壁**③，與曹軍相遇。剛一交戰，曹軍就敗，被迫退回北岸，雙方隔江對峙，一場大戰將開始了。

那時正是十一月底，北風呼嘯，天寒地凍。果然，曹軍中很多士兵因水土不服，陸陸續續生起病來；沒病的士兵因不習慣風浪顛簸，許多人暈船嘔吐，躺倒了動彈不得。曹操非常焦急。有人獻計把戰船用**鐵索**④連在一起，鋪上木板，造成「連環船」，果然平穩得多了，人在船上如行平地，士兵們不再暈船了。

小知識

①**激將法**：故意說反面的話激勵別人，使他決心去行動。

②**都督**：全國最高軍事統帥。

③**赤壁**：今湖北省蒲圻市西 120 里的赤壁山，北臨長江。1970 年後在赤壁山及北岸的烏林陸續出土了大量東漢文物，包括沉船等。1998 年蒲圻正式改名為赤壁市。

④**鐵索**：用鋼絲編成的索或粗鐵鏈。

周瑜手下有位老將叫黃蓋的，隔岸看到這情況就說：「連環船雖然平穩，但最怕火攻！」

這觸動了周瑜：「火攻！確是個好辦法。但是我們離得這麼遠，怎麼放火呢？要有人挨近他們去放火才行，但這很危險。」

黃蓋說：「我願意去！哪怕粉身碎骨，我也要設法燒掉他們！」

於是他們商定了一個詐降的計策。

黃蓋派人送了封信給曹操，說他因跟周瑜意見不合，一直受排擠，今日又挨了一頓打，心中氣憤，想投降曹操，並獻上糧草以示效忠。

曹操原是個多疑的人，不易上當。但此次他認為自己佔絕對優勢，有十足把握取勝；他也知道孫權處境困難，大部分將領主張投降，主戰的僅少數幾個，發生內鬨極有可能，便信以為真，還同送信人約定了受降的日期和暗號。

受降的那天天氣回暖了，颳起了東南風。黃蓋準備了十艘大船，船艙裏裝滿了澆足油的枯枝，外面用布幔裹好；船上插着約定的旗號，又準備了一批**走舸**①拴在大船船尾上，以供大船起火後轉移之用。

黃蓋帶領着這十艘大船，拖着小艇，像箭一樣向江北急駛而去。

　　船到江心，黃蓋命令各船揚起帆來，士兵們齊齊舉火，高聲呼喊，「黃蓋來投降了。」

　　曹兵聽說東吳大將來投降，紛紛走出船艙，擠到船頭來看熱鬧。曹操得意地說：「黃蓋一到，我的大功就要告成了！」

　　正當曹軍拍手叫好之時，黃蓋的船隊已駛近。只見黃蓋把手一揮，十艘大船同時起火，像十條大火龍，飛快地向曹軍衝來，而船上的士兵卻迅速跳上小艇退走。

　　曹操大叫：「不好，他是**詐降**②！」但已來不及了。曹軍的船都燃燒起來。這時東南風越颳越狂，火借風勢，風助火威，相連的船隻很快燒成一片火海。只見烈焰騰空，火光把沿江的石壁都照紅了。曹軍大亂，爭着逃命，燒死的淹死的不計其數，烈火又蔓延到岸上的營寨，營中慘叫聲，馬嘶聲響成一片，曹軍完全潰敗。

小知識

①走舸：機動靈活，便於攻戰的小艇。

②詐降：假裝投降的意思。

周瑜和劉備率領精兵渡江追趕而來，曹操帶着殘兵敗將匆忙繞路從華容道向江陵逃去，走不多遠又遇到風雨，道路滿布泥濘，無法前進。曹操命令老弱步兵用乾草鋪路，好讓他帶着騎兵通過。鋪草的士兵又被人馬踩死了不少。

　　赤壁之戰中曹軍損失一大半，元氣大傷。曹操暫收起統一天下的雄心。劉備在荊州站穩腳跟，孫權也穩定了江東的統治，三分天下的局面逐漸形成。

赤色岩壁

　　赤壁之戰是三國時期三大戰役中最著名的一場，大戰發生在湖北省長江南岸，現今蒲圻市西北的赤壁山，此山高五十多米，百丈峭壁呈赭紅色。

　　後人傳說是大戰中火燒曹操的連環船時燒紅的，其實這是一種地質面貌，約一億年前因礫石、砂子與鐵、鈣等物質沉積氧化而出現的顏色。大戰時的火光映照得岩壁顯得更紅，所以得名赤壁，也叫周郎赤壁。壁上題有蒼勁的「赤壁」兩個大字，氣勢雄健，相傳是周瑜親筆題的。

　　此外，還有很多關於赤壁的詩篇。現存最早歌詠赤壁之戰的一首詩，是三國時的吳國人韋昭寫的《伐烏林》，很短，全詩只有六行。之後又有唐朝杜牧的七言詩《赤壁》和宋朝蘇軾的《念奴嬌・赤壁懷古》，想必大家在書上都會讀到。

　　蘇軾被貶去湖北黃州時曾兩次遊覽了赤壁，寫下了兩篇《赤壁賦》，後人稱為《前赤壁賦》和《後赤壁賦》，都是古代文學史上的名篇。宋朝的戴復古、明朝的藍智、清朝的袁枚也都寫了以《赤壁》為名的詩篇。

9. 神醫華陀

曹操在赤壁一戰大敗後，回到許都，心情鬱悶。偏偏禍不單行，他最疼愛的小兒子得了重病，請了好多醫生治療都不見效。眼看孩子快沒救了，曹操十分傷心，他懊悔地說：「要是華陀還在，這孩子會有希望，不會死得這麼早。」

當初，是曹操殘暴地殺害了華陀，現在他自食其果，後悔也遲了！

華陀，東漢末年**沛國譙縣**①人。自小他熟讀經書，學問淵博。當時天下大亂，疫病流行，老百姓苦不堪言。華陀就抱定主意要做一名良醫，為大眾解除痛苦。於是他刻苦學習醫學，仔細研究春秋戰國的名醫**扁鵲**②以及東漢名醫所遺留下來的醫書，並加以創造發展。

他的醫術十分高明，不管什麼疑難雜症，到了他手裏大都藥到病除，尤其擅長外科手術，是他首創在手

小知識

①**沛國譙縣**：今安徽亳縣，也是曹操的故鄉。

②**扁鵲**：春秋末到戰國初的名醫，齊國人。他反對巫術治病，遍遊各地行醫，擅長各科，奠定中醫學的基礎。

術中使用麻醉藥。

　　很早以前人們就發現一些藥物具有麻醉的功效，華陀利用這些藥物配製成「麻沸散」。在外科手術之前叫病人用酒服下麻沸散，等到麻醉藥效發揮功用後就替病人開腔剖腹，摘除腫瘤或清洗腸胃，然後縫合，塗上藥膏，過四、五天傷口就癒合，一個月以後就完全康復了。在一千七百多年前能做這種全身麻醉的大手術，是相當了不起的事，所以人們稱他為「神醫」。

　　因為華陀的醫術出名，地方及朝廷兩次叫他去做官，但他厭惡官場生活，都婉言謝絕了。他只願作一個普通的民間醫生，他的足跡遍及江蘇、山東、河南、安徽等地，治好很多人的病，到處都流傳着華陀治病救人的動人故事。

　　有一次，華陀給一個年輕人看病，那青年說他自己吃不下東西，肚中難受。華陀為他診斷後告訴他：「你回去用三兩大蒜末，加些醋吃下去，病就會好的。」那青年照着辦了，不多一會就吐了一條大**蛔蟲**①出來，立刻周身舒服了。他高興得馬上到華陀家去道謝。

　　又有一次，有個李將軍請華陀去為他妻子看病。華陀摸了她的脈說：「這是因為懷孕期間跌傷了身子，

胎兒沒有產下來的緣故。」

李將軍很吃驚地說：「她確實摔過跤，流產了，但胎兒早已墮下。」華陀說她還有胎兒在腹中。李將軍不相信，還把華陀趕了出去。

過了三過月，病人的情況更糟了，只得再來請華陀去治療。華陀診斷的結果和上次一樣，他認為可能婦人懷的是雙胞胎，第一個胎兒流產時失血過多，所以第二個沒產下。經過**針灸**②、服藥，果然又取出了一個死胎兒，病人很快就恢復了健康。

有一次，華陀治療兩個患頭痛病的人，症狀完全一樣。華陀切脈後，叫甲應當服瀉藥，而乙要服發汗藥。兩人吃了藥後都好了。有人就問華陀為什麼對同樣的病，卻開出不同的藥？華陀解釋說：「這是因為病根不同。甲的病根在內部，所以要用瀉藥；而乙的病只是

小知識

①**蛔蟲**：附在人的腸壁或家畜體內的寄生蟲，形狀像蚯蚓，白色或米黃色，成蟲長約四至八寸。

②**針灸**：針法和灸法的合稱。針法就是用特製的金屬針，按一定穴位，刺入患者體內，用捻、提等手法以達到治療疾病的目的。灸法就是把燃燒着的艾絨按一定的穴位，靠近皮膚或放在皮膚上，利用熱的刺激來治療疾病。

受點外感，所以要用發汗藥。」

另有個太守生了病，很多醫生都治不好。華陀診斷後，認為這種病只有讓病人發怒，才能治好。他就故意向病人索取昂貴的診費，又遲遲不給他開藥方，過幾天華陀不告而別，又留下一封信罵太守得了此病是自作自受。氣得太守大發雷霆，立刻派人去追捕華陀。太守的兒子知道華陀的用意，叫差人們去稟報說追不到華陀。太守一聽，更加怒氣沖天，一氣之下吐出幾口黑血，病就好了。

華陀還想法讓人預防疾病，延年益壽。他研究了前人健身的經驗，創造了一套健身操，名叫「**五禽戲①**」，指導學生每天照着做，使頭部、四肢和全身肌肉、關節得到活動。他有個學生每天做，活到九十多歲還是耳不聾、眼不花，精神很好。

因為華陀很出名，所以全國各地都有人來請他去看病。曹操有偏頭痛的毛病，久治不癒，他也派人請華陀去給他治。華陀診斷後給他扎了幾針，頭就不痛了。於是曹操高興萬分，不肯放華陀回去，要留他作自己的私人醫生。

華陀不喜歡曹操的為人，也不願意只為他一個服

務，就借口收到家信要回去一次。回家以後，他推說妻子有病離不開，雖曹操幾次寫信催他回去，他都不肯。曹操大怒，派人去華陀家了解情況，吩咐說：要是他妻子真的有病，就送四十斛小豆給他，放寬來許都的期限；要是假的，便掀來辦罪。於是，華陀就被掀了起來，關進監獄。

華陀是個有骨氣的人，他一直不肯向曹操屈服，曹操一怒之下，判了他死刑，說：「我不信天下就沒有像他那樣的醫生！」

臨刑前，華陀把自己寫的一卷醫書交給獄吏，說：「請您好好保存這部書，它可以救人。」但是獄吏怕以後會受到牽連，不敢接受。華陀歎了口氣，把書扔在火中燒掉了。那是公元208年的事。殺害華陀，給我國醫學事業帶來不可估量的損失，是曹操一生中做的一件大錯事。

小知識

①**五禽戲**：模仿虎、鹿、熊、猿、鳥五種動物的動作姿態來進行鍛煉的一種方法，如虎的撲動前肢，鹿的伸轉頸部、熊的伏倒站立，猿的腳尖縱跳以及鳥的展翅飛翔等體操動作。

10. 義薄雲天的關羽

在中國各地，我們到處都可以見到很多「關帝廟」，敬奉的是「武聖關公」、「伏魔帝君關羽」，究竟這關羽是一位什麼樣的人呢？

傳說中關羽身高九尺，臉色紅如棗，丹鳳眼、臥蠶眉，相貌堂堂，十分威武。他本是河東解良人，因路見不平，仗義殺人，因此被官府追拿，離開家鄉逃亡到涿縣，在那裏結識了劉備和張飛，三人志同道合，結為兄弟。

關羽在戰場上勇猛威武，使敵人聞風喪膽。在一次戰役中，他為了保護劉備的兩位夫人，被曹操俘虜了。曹操向來欣賞關羽的勇猛，想收服他為大將，所以待他十分友好，送他很多金銀財寶、綾羅綢緞，將他和兩位劉夫人如貴賓一樣看待。曹操還奏請朝廷，封關羽為漢壽亭侯。但關羽為人十分講義氣，一心忠於劉備，他留下了曹操給他的所有財物，還留下了漢壽亭侯的印綬，帶着兩位夫人，悄悄地逃離了曹營，回到劉備那裏去了。

赤壁大戰後，劉備向孫權借得荊州，又用武力奪

取了益州。不久，打敗曹操佔領**漢中**①，稱了關中王。之後，劉備命令關羽鎮守荊州，並擔負起攻打中原的重任。

關羽受命之後，便開始部署一切，他派兩名部將留守荊州，自己親率大軍首先進攻**樊城**②。

樊城守將曹仁趕快向曹操求救。曹操派了于禁、龐德兩員大將，率領七支人馬去增援。曹仁就安排援兵

小知識

①**漢中**：今陝西漢中市東。

②**樊城**：今湖北襄樊市。

駐紮在樊城北面的平地上，和城中互相呼應，使關羽沒法攻城。

雙方相持不下，戰事處於僵局。正在此時，突然天降大雨，一連下了十多天，漢水猛漲，樊城北面平地上的水位高出地面一丈多。洪水從四面八方沖來，把曹操七軍的軍營全給淹了，于禁和龐德不得不分頭帶領士兵倉促逃走。

足智多謀的關羽早就看出魏軍在平地上紮營是個致命的弱點，所以他安排好一大批船隻，趁大水來到，就率領水軍向魏軍進攻。

于禁帶了一部分士兵游水來到一處高地上避難，關羽的水車把于禁從四面包圍起來，叫他放下武器投降。于禁被逼得走投無路，只好乖乖地投降了。

另一名將軍龐德帶了一部分士兵退到一條河堤上，關羽下令水車把船開過去，從船上向堤上猛射箭。

箭如雨下，**河堤**③又窄又短，魏軍無處可躲，很多

小知識

①河堤：沿河用土石築成的防水建築物。

人紛紛中箭倒下。這時，水位越來越高，河堤也快被淹沒了，魏軍士兵紛紛投降。龐德不肯投降，被關羽下令殺了。

這次關羽擒于禁，殺龐德，水淹七軍，使他聲名大振，很多地方官吏都紛紛投降，服從他的調遣。關羽開始有點飄飄然了，產生了輕敵思想。他一心想早日攻下樊城再立一功，就集中力量圍攻樊城，放鬆了荊州的防衞。

關羽還有個很大的毛病，就是狂妄自大、目中無人。孫權為了表示和好，曾經派人去向關羽求親，希望他把女兒嫁給孫權的兒子。關羽非但不答應，而且還大罵使者，説什麼「虎女怎能嫁犬子」，把孫權氣得七竅生煙。

這次關羽大捷後，曹操有些心慌，想放棄許都，避過關羽的鋒頭。他的謀士司馬懿看出劉備和孫權之間有矛盾，建議曹操聯合孫權夾攻關羽，以解樊城之圍。

孫權本來就不滿關羽的驕橫，又一直想從劉備手裏收回荊州，所以當曹操派使者與他聯絡時，他馬上覆信，表示願意襲擊關羽的後方。

孫權派出足智多謀的大將呂蒙出兵。呂蒙把戰船

改裝成商船，偷偷摸進了荊州城。荊州守兵本來就不多，見大軍壓境只好投降了。呂蒙嚴格要求士兵遵守紀律，不許侵犯百姓；又特別照顧和保護關羽部下將士的家屬，以收攬人心。

這時，曹操的援軍也開到樊城，向關羽發起了進攻，並在關羽部隊中廣泛傳播曹孫聯手，以及呂蒙率軍攻入荊州的消息。關羽手下將士聽說自己家屬受到呂蒙照顧，都無心再戰，紛紛開小差溜走。關羽這才後悔自己對孫權太大意，可是已經遲了。他只得撤了對樊城的包圍，帶了些人馬逃到**麥城**①。孫權早已派兵埋伏在小道上，活捉了關羽，關羽不肯投降，被孫權下令就地處死。

關羽死後下人們為了紀念他的功德和忠義，紛紛建廟祭祀他，尊他為「伏魔帝君」、「武聖關公」，四季香火不斷，一直至今。

小知識

①**麥城**：在今湖北省當陽市兩河鎮境內，荊州市西北面，東周時就是楚國重要城鎮。

英勇而狂妄的關羽

關羽，字雲長（出生年不詳，卒於公元 219 年），戎馬一生給後人留下很多故事和成語、俗語。他孔武有力、嫉惡如仇，對君主忠心耿耿，對朋友有情有義，眼見不平事就拔刀相助，所以人們常用「義薄雲天」一詞來形容他，意思是他的情義好似天那樣高。

劉備被曹操打敗後去投袁紹，關羽被俘，曹操賞識他，想封他為將軍，但關羽「身在曹營心在漢」，意謂身在敵軍陣地，卻心懷故主。關羽忠於對劉備的結拜誓言。最後「千里走單騎」單人匹馬保護兩嫂去尋找劉備，一路上「過五關斬六將」，渡過黃河找到劉備。還有他攻打樊城時中了毒箭後的「刮骨療毒」表現了意志的堅強，雖有說是虛構的故事，但也是為人津津樂道的。

但是，關羽狂妄自大，剛愎自用，攻樊城前水淹七軍其實是一次僥倖的成功，他卻被勝利沖昏了頭腦，產生了輕敵思想，年事已老的他還對兒子誇耀自己曾冒着刀槍矢石在敵人千軍萬馬中廝殺，如入無人之境，「這羣江東鼠輩豈在話下！」他又傲慢地侮辱了孫權的求婚使者，間接

促成了曹孫的合作。最終導致「大意失荊州」，自己「敗走麥城」（陷入絕境），為孫權所殺。

關羽去世後，在民間漸漸被神化，人們尊他為「關公」、「美髯公」，清朝把他奉為關勝大帝，崇為「武聖」，與「文聖」孔子齊名。如今在中國各地亦隨處可見關帝廟宇，他忠義和勇武的形象深入民心，為世代百姓膜拜。

11. 七步成詩的故事

　　曹操有幾個聰明的兒子，其中一個叫曹沖。當他七歲時，外國進貢了一隻大象給曹操。曹操想知道這大象的體重，便召集羣臣，叫他們想出一個辦法來秤牠。羣臣對這隻龐然大物，束手無策。小曹沖卻説：「我有辦法。我們先把大象牽到船上，再在船邊畫出一條線代表水位。然後我們把大象牽上岸，再將一塊塊石頭放到船上，直到船下降到那條水位線，就把石頭抬起來秤。石頭的重量不就是象的重量嗎？」

　　曹沖秤象的智慧使人讚賞，但很可惜，曹沖在童年便夭折了。

　　曹操另外兩個兒子，曹丕和曹植，也都很了不起，兄弟倆和父親一樣，也擅長詩文，文學史上稱他們父子為「三曹」。尤其是曹植，從小聰明非凡，讀了不少書，能寫出色的文章。有一次，曹操讀了他的文章，懷疑他這麼小年紀怎會寫得出來，便問道：「這文章是你請人代寫的嗎？」

　　曹植跪下道：「兒出口成文，下筆成章，怎會叫人代寫？父王不信的話，可以面試。」

曹操試了他幾次，覺得他的確才華出眾，就很寵愛他，想讓他繼承自己的王位。

曹丕怕自己的地位不穩，就很妒忌曹植，千方百計打擊他。一次，曹操派曹植帶兵出征，曹丕就於前一晚拉住曹植喝酒，灌得曹植酩酊大醉，第二天早上起不來，耽誤了軍事行動。曹操氣得吹鬍子瞪眼，認為曹植行為不檢，做事任性。

與此同時，曹丕又設法去討曹操的歡心。久而久之，曹操對曹丕的好感日增，加上眾多大臣都認為還是應該由長子繼位，所以曹操最終還是立了曹丕為繼承人。

赤壁大戰後曹操雖然元氣大傷，但他仍未放棄統一天下的雄心。他總結失敗的教訓，整頓軍隊、興修水利、發展生產、網羅人才，充實了自己的力量。他先是迫使漢獻帝封他為魏公，以冀州十郡作為封地；三年後又進一步迫獻帝封他為魏王。但在公元220年正月，曹操的舊病復發，請醫服藥都沒用，死於洛陽，終年六十六歲。

曹操處心積慮，用挾天子以令諸侯的手段來奪取天下，到臨終還是惺惺作態，說他是盡忠漢室，後世人

只要稱他是漢將軍就心滿意足了。但是他連自己身後的事，都考慮得極為周詳，怕後人挖掘他的墳墓，命令人做了七十二座「疑塚」，迷惑人們的耳目，來保護他的遺體，那架勢比皇帝更風光。

曹丕繼承了曹操魏王之位，又封了曹植為臨淄侯。這時曹丕看見漢室式微，篡奪帝位時機已成熟，便派親信到處製造輿論，說到處出現了視為吉祥物的**白雉雞**①，意思是說明改朝換代的時候到了。大臣們又聯名上書漢獻帝，要他讓位。漢獻帝見此情形，只好無奈地舉行了一個禪讓儀式，宣布讓位給魏王。至此，東漢王朝正式結束。魏朝建立，遷都洛陽，曹丕稱魏文帝，追諡曹操為魏武帝。

曹丕當了皇帝後，心裏仍是十分忌恨曹植。一次，有人告發說曹植在臨淄醉後罵人，還扣押了曹丕派去的使者，曹丕便以此為藉口，派人將曹植抓回洛陽，打算判個死罪，永遠除掉這個眼中釘。

小知識

①**白雉雞**：雉雞也叫野雞或山雞，是一種鳥，形狀像雞，雄的尾巴長，羽毛美麗。白色的雉雞十分罕見。

這天，曹丕升殿。殿堂上眾大臣分立兩旁，披甲執戈的武士威嚴地排列在四周，一片殺氣騰騰的氣氛。

曹植被帶了上來，俯伏地上。曹丕說：「我倆雖是兄弟，但現在更是君臣，你怎敢違抗我的命令，扣押我的使臣，該當何罪！」

曹植連連叩頭：「請兄王恕罪！」

曹丕冷笑道：「父王在世時，總是誇獎你的文才出眾，好吧！今天我限你在殿上走七步做成一首詩。以兄弟為題，但詩中不許出現『兄弟』的字樣，做得好，饒你一命；做不出來，立即斬首！」

曹植一聽，不禁悲從中來，感慨萬千。他心想：我與你本是同母所生，誰知你總是容不得我，做了皇帝後還不肯罷休，真是太狠毒了。他突然想起有一次在府中見僕人用乾**胡豆**①桿當柴燒，用來煮豆子的事，靈機一動，便應聲把詩吟了出來：

小知識

①**胡豆**：即蠶豆。一年生或二年生草本植物，莖方形，中間空，花白色有紫斑，結莢果，種子可食用。

*煮豆持作羹，漉菽以為汁。

其在釜下燃，豆在釜中泣。

本是同根生，相煎何太急！

羣臣聽了都暗暗稱奇，曹丕更是十分慚愧，覺得自己對弟弟也實在太狠。這時候，他們的母親卞太后也出來給曹植求情，曹丕也就順水推舟，饒恕曹植的死罪，但撤了他的臨淄侯爵位，貶為安鄉侯。曹植保住了性命，急急騎馬離開洛陽，赴任去了。

* 載於《世說新語》，另也有版本：煮豆燃豆其，豆在釜中泣，本是同根生，相煎何太急？

12. 陸遜火燒蜀連營

　　魏曹代漢的消息傳到益州，劉備悲痛欲絕。他率領軍民對天痛哭三天，悼念漢朝的滅亡；以為獻帝被害死，還為獻帝舉行了喪禮。大臣們認為劉備是漢室後代，理應接替王位。因此第二年，即公元221年，劉備在成都（即現今四川成都）宣布即位，就是漢昭烈帝，因為他所建的漢朝範圍只局限在巴蜀地區，所以歷史上稱為蜀漢或是蜀國。公元229年，孫權也在金陵即位稱帝，國號吳，歷史上稱東吳或孫吳。這樣，就形成了魏、蜀、吳三國鼎立的局面（見下圖）。三國時代一開始，東吳和蜀漢之間就爆發了一場大戰。

荊州被佔、關羽被殺，使劉備十分痛心。關羽和他情同手足，他怎肯放過殺害關羽的東吳？所以劉備即位後，第一件想做的事就是要進攻東吳，為關羽報仇。

諸葛亮和許多大臣都不贊成劉備這麼做。他們認為篡位的是魏曹，不是東吳。如能滅掉魏國，東吳自會屈服。但是劉備正在氣頭上，聽不進這些正確意見。他把諸葛亮留在成都輔佐太子劉禪，自己率領蜀軍主力十幾萬人，於七月間水陸並進，出三峽，直奔東吳。

出兵前，劉備通知張飛去和他會師，誰知張飛的部將叛變，殺了張飛投奔東吳。劉備一連失了兩員猛將，好比失去左右兩手，力量大為削弱，情況很不利。但這時的劉備氣恨攻心，報仇心切，已完全不能冷靜地坐下來分析一下局勢了。

消息傳到東吳，孫權聽説此次劉備出兵聲勢浩大，便有些害怕，派出使者多次向劉備求和，劉備不肯。

蜀軍開始進攻，沒幾天就攻下巫縣，沿長江一直打到秭歸。孫權知道講和已不可能，就準備應戰。當時大將周瑜、魯肅、呂蒙等已去世，就任命年輕將領陸遜為大都督，率領五萬人馬去抵擋劉備。

吳國的文武大臣對陸遜率軍一事議論紛紛，認為

他太年輕，沒有聲望，才能不足以當統帥。孫權知道陸遜才能出眾，為人忠厚，便堅持自己的選擇。他當着大臣們面前對陸遜說：「朝廷的事我來主持，外面打仗的事由你負責。有人不聽你指揮，可以先斬後奏。」說着，把自己佩戴的寶劍交給陸遜。

當時的形勢對東吳很不利。劉備出兵沒幾個月，已經攻佔了東吳五、六百里地，佔據了長江上游，憑三峽天險，居高臨下；吳軍卻位居下游，地勢不利，兵力也差很遠。

為了解除後顧之憂，孫權派使者向曹丕稱稱臣，送去大量珍寶，並放回被關羽俘虜的魏將于禁。雖然有謀士主張趁蜀軍攻吳之時一起夾攻，但曹丕沒有這樣做。

孫權還把都城遷到武昌，修築城牆，加強防務，以便就近指揮戰鬥。

劉備的手下建議劉備鎮守後方，派部將繼續前進。但劉備求勝心切，派部下守住江北，自己率主力渡了江，沿長江南岸東進，直抵猇亭（猇，粵音敲）。蜀軍沿途紮營，綿延七百里，想等東吳軍來時一網打盡。

年輕的陸遜頭腦冷靜，具有軍事才能。他分析蜀

軍的特點：遠離本土，深入吳地，處境不順；沿山行軍，長線紮營，兵力難以展開；不用船而用車馬，失去了佔據上游的優勢。所以他避開蜀軍兵鋒，引兵深入，把吳軍兵力收在猇亭一帶，據險固守，伺機反擊。

吳軍的一些將領見陸遜遲遲不出兵迎戰，以為他膽小畏敵，心中很是不滿，屢次請戰，陸遜耐心說服他們，堅守陣地，毫不動搖。

雙方相持了半年。劉備求戰不得，又不甘心退兵。天氣漸漸變得炎熱，他只好把水軍和陸軍統統移到林木茂密的山邊紮營，以避暑熱，想等秋天再發動進攻。

陸遜見蜀軍已經疲憊，軍心渙散，鋒頭已過，便寫信告訴孫權說，打敗蜀軍已指日可待了。他首先派一支人馬作試探性的進攻。

蜀軍軍營修築得十分堅固，吳軍進攻不利狼狽敗下陣來。但是陸遜從中探到了蜀軍軍營是互相連結在一起的，便找到了攻破蜀軍連營的方法——火攻。

陸遜命令水兵用船運來大批茅草，陸軍士兵每人手拿一把茅草，草裏藏着硫磺、硝石等引火物。一天夜裏，東吳四員大將率領幾萬士兵衝進蜀軍軍營放火。天氣乾燥，軍營的木柵極易着火，營篷又連紮在樹林間，

所以一會兒功夫，整個蜀營連成了一片火海。各路吳軍全力反攻，斬多名蜀將，連破四十多營。劉備在將士保護下退到馬鞍山。

陸遜令吳軍四面圍攻馬鞍山，上萬名蜀軍終於土崩瓦解，死傷不計其數。一直戰鬥到夜裏，劉備帶着少數人馬，突圍逃走。這場大戰，蜀軍幾乎全軍覆沒，船隻、器械、軍用物資、全被吳軍繳獲。歷史上叫做「猇亭之戰」。

歷史上有一個佳話，當陸遜窮追劉備敗卒，到了離夔關(夔，粵音葵)不遠，一個叫魚腹浦的江邊，遇到前面有數十堆磋硪的石頭，排成陣勢，掀起驚濤駭浪，竟如變化萬千的迷宮，不知哪裏才是出路。原來這是諸葛亮入西川時，按照八卦的道理布下的八陣圖，兵馬進入，便會團團轉地不能走出來。陸遜這時也考慮到曹丕的軍隊，正在對東吳虎視眈眈，如果深入西川，必然乘虛來襲，便下令收兵了。唐代名詩人杜甫曾寫了「功蓋三分國，名成**八陣圖**①。」的詩句。到現在這個遺址仍在，不過已不是當時的面貌了。

劉備一直退到蜀、吳交界的**白帝城**②，悔恨交加，就病死在那裏了。

小知識

①**八陣圖**：據記載，八陣圖的遺跡有三處：陝西沔縣
　　　　　（今勉縣）東南，諸葛亮墓東、四川奉節
　　　　　縣南江邊和四川新都縣北牟彌鎮。
②**白帝城**：今四川奉節縣白帝山上。

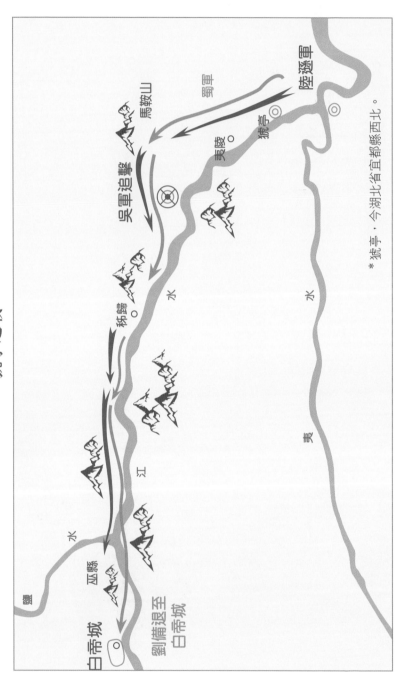

猇亭之戰

白帝城

劉備退至
白帝城

巫縣

秭歸 ○

夷陵 ○

猇亭 ◎

◎

吳軍追擊

馬鞍山

陸遜軍

蜀軍

鹽

水

江

水

水

夷

* 猇亭，今湖北省宜都縣西北。

13. 七擒七縱服孟獲

公元223年，六十三歲的劉備去世，諸葛亮扶助十七歲的劉禪在成都即位，歷史上稱之為蜀漢後主。

人們常說「龍生龍，鳳生鳳」，誰知英雄蓋世的劉備卻生了一個不成器的兒子。這劉禪繼位之後，不知進取，一天到晚只曉得吃喝玩樂，諸葛亮肩上的擔子就更重了。

正在此時，南方的幾個郡卻乘機鬧起事來了。

益州郡有個豪強叫雍闓（粵音開），聽說劉備去世，就殺死了益州太守，發動叛變。他一邊投靠東吳，一邊拉攏**南中地區**①一個少數民族首領孟獲，叫他煽動一些西南部族起來反蜀。

孟獲在當地是個很有影響力的人物，經他的發動，組成了一個反蜀集團，趁蜀國對吳作戰失敗，元氣大傷的機會，煽動羣眾殺了蜀國派去的官吏，公開發動

小知識

①**南中地區**：今四川省大渡河以南和雲南、貴州一帶。

武裝叛亂，控制了蜀漢差不多一半的土地。

南中歷來是多民族聚居的地區，漢朝時，他們被稱為「西南夷」，和漢族和睦相處，一起開發西南邊疆。這時孟獲等人的叛亂嚴重威脅了蜀漢政權。諸葛亮很是着急。

經過一段時間的準備，公元225年五月，諸葛亮親自率領大軍南征。

諸葛亮深知南中地區地勢險要，離都城又遠，單是在軍事上打敗他們是不夠的，要設法讓他們心服，才能一勞永逸。

諸葛亮的軍隊穿過人煙稀少的山嶺，渡過波濤洶湧的瀘水去平定夷人的叛亂。南中四郡的山區裏森林綿延，虎豹成羣，到處是蛇蝎毒蟲，險峻的山峯峽谷。諸葛亮出師順利，節節勝利，平定了四個郡的叛亂，但是南中**酋長**①孟獲收集了散兵，繼續反抗蜀兵。諸葛亮就帶領軍隊渡過瀘水去和他決戰。

這天，孟獲帶領了夷人部隊來進戰。只見他生得虎背熊腰，異常壯健，令人望而生畏。諸葛亮下令：「不許殺害孟獲，只能活捉。」

勇猛魯莽的孟獲高喊着：「活捉諸葛亮！」直向

蜀軍衝來。蜀軍和他戰了幾個回合，便敗退下去。孟獲下令：「追！」追到一條狹窄的山谷，忽然殺聲四起，埋伏着的蜀兵從四下殺出。孟獲中了埋伏，只得引兵撤退，蜀兵緊追不捨，把孟獲活捉了。

孟獲被押到諸葛亮面前，他心想自己這下一定沒命了。不料諸葛亮親自上前為他鬆綁，説：「我們待你還不錯嘛，為什麼要反朝廷？」諸葛亮還帶他參觀了軍營，問他：「你覺得我們的軍隊怎麼樣？」

孟獲見蜀軍陣營整肅，紀律嚴明，士氣旺盛，心中暗暗吃驚，但他仍不服氣地説：「我不是被打敗的，只是上了你們的當，中了埋伏。現在看看你們的軍隊也不過如此，如有機會再打，我一定會贏的。」

諸葛亮笑道：「好吧，我放你回去，你準備好後再來同我打。」然後吩咐手下招待孟獲好好吃了一頓，真的放了他。

孟獲回去後着實準備了一番，又來和蜀軍交戰。

小知識

①酋長：部落的首領。

這次諸葛亮又設計捉了他，一不殺二不罵，只是問他服輸不服輸。孟獲沒回答，只是擰着脖子「呼哧呼哧」地喘粗氣。諸葛亮知道他心裏不服，便又放了他，讓他下次再戰。

如此捉了又放，放了又捉，一連七次。

到了第七次，諸葛亮連問也不問，就要放他回去。孟獲這下真是心服口服了，為了表示自己有罪，脫掉一隻衣袖，露出胳膊，跪在諸葛亮面前哭着説：「丞相實在令我佩服，從此以後，我保證再也不造反了！」

諸葛亮連忙把他扶起來，説道：「這樣就好了！」於是設宴招待他，並對他講了很多道理，客客氣氣送他出營門。

這就是著名的「諸葛亮七擒七縱收服孟獲」的故事。自此以後南中地區安定了下來，不再對蜀漢政權構成威脅了。以心服人，正是智勇雙全的諸葛亮的另一過人之處。

傳說中的七擒七縱服孟獲

　　諸葛亮在劉備去世後負起重任，仍想完成重興漢室的統一大業，為了解除北伐的後顧之憂，他親自帶軍南征，七擒七縱服孟獲一事從古到今幾乎沒人懷疑其真實性，史學家都就此事讚美他善於心理戰，對敵方攻心有術。但是具有權威性的《三國誌》中卻沒有記載，有人說對孟獲抓了又放不符合諸葛亮一貫行事小心謹慎的作風。對這事的解釋是：史學界普遍認為《三國誌》一書中的記載很簡略，漏去了很多珍貴的歷史資料，可能這也是被遺漏的一件。而且，與《三國誌》差不多同時代的歷史著作《漢晉春秋》中就有諸葛亮七擒七縱孟獲的記載，稍晚期的歷史地理著作《華陽國誌》和《水經注》中也都提到了此事。

　　日後人們從這件事中總結出一句成語欲擒故縱，意思是想抓到敵人或是想得到一樣事物，先故意放開，使對方放鬆警惕，然後再趁機把對方抓住。這條計策也被歸入兵法三十六計的第十六計，常為軍事家所運用。日常生活中與此相應的説法是**欲取姑與、放長線釣大魚**。

14. 諸葛亮空城計退魏兵

劉備去世後，當時的蜀國處在十分困難的境地，北面受到曹魏的威脅，東面與孫吳的關係破裂，西南少數民族乘機叛亂。加上猇亭之戰失利後，國力大衰，人心不穩。諸葛亮發揮他的聰明才智，兢兢業業治理國政。

他首先派人去東吳說服了孫權，兩國又結成了抗魏的聯盟，穩住了東面。之後諸葛亮南征，平定了叛亂，並採取安撫的方針：不設官、不駐兵，任命少數民族領袖自己來治理；同時又幫助當地人民學習先進耕作技術，發展生產。直到現在，雲南還流傳着諸葛亮為**傣族**①人帶來耕牛和鐵犁教他們耕田，教**佤族**②祖先蓋房、編竹籮的故事呢！

諸葛亮又花了兩年時間整頓內政。他選拔人才，任人唯賢；訓練部隊，興修水利，獎勵生產，積蓄糧食。公元227年冬，魏文帝曹丕得病死了，由兒子曹叡繼位，即魏明帝。諸葛亮認為北伐魏國、復興漢室的時機已到，便於次年親領三十萬大軍出征。

蜀軍經過幾年整頓，兵強馬壯，紀律嚴明，士氣飽滿，加上諸葛亮用聲東擊西的方法，突然襲擊祈山，

打得魏軍大敗，奪得隴西大片土地。

　　魏明帝大驚，任命司馬懿為平西都督，他親自率領二十萬大軍抗擊蜀兵。

　　諸葛亮聽說是魏國老將司馬懿上陣，斷定他必會攻取**街亭**③和列柳城，切斷通往漢中的咽喉之路，便派馬謖去守街亭，囑咐他要靠山近水安營，切勿輕舉妄動。可是馬謖驕傲輕敵，主觀武斷，轉移到山上紮寨。因此被魏軍層層包圍，水源被截斷。魏軍又放火燒山，蜀軍不戰自亂，馬謖只得放棄街亭逃回祈山，被諸葛亮揮淚下令斬了。

　　街亭的失守打亂了諸葛亮的作戰計劃，他只得布置退卻。他自己帶領五千士兵退到西城去搬運糧草，同時吩咐關興（關羽的兒子）、張苞（張飛的兒子）二將率三千精兵埋伏在武功山小路作疑兵。

小知識

①**傣族**：我國少數民族之一，分布在雲南，主要從事
　　　　　農業。
②**佤族**：我國少數民族之一，分布在雲南，主要從事
　　　　　農業。
③**街亭**：古地名，亦稱街泉亭，在今甘肅莊浪東南。

一天，諸葛亮在西城接到急報：司馬懿攻下了街亭和列柳城後，帶領十五萬人馬正向西城趕來。

　　這時，諸葛亮手下的兵士有一半去運糧了，城內只有二千五百個兵，沒有一個大將，只有一批文官。大家聽說蜀國大軍開來，大驚失色。

　　諸葛亮登上城門遠望，果然見前方塵土飛揚，魏兵分東西兩路正向西城殺來。形勢危急，如何是好？

　　諸葛亮略一思索，心中便有了主意。他鎮靜地對手下說：「不用慌，我自有退兵之計！」

　　諸葛亮下令：將官們各守崗位，不許任意出入；收下所有旌旗，嚴禁大聲喧嘩。又下令把四邊的城門大開，每個城門口派二十名軍士扮作百姓，灑掃街道。

諸葛亮自己身披**鶴氅**①，頭戴**綸巾**②，帶着兩名小童，搬來一架**古琴**③，在城樓上安坐彈琴，一副清閒自在的模樣。

司馬懿帶兵來到城下，見到這般情景立即勒住馬韁，不敢上前。

他的兒子司馬昭説：「會不會是諸葛亮手頭沒有軍隊，故作鎮靜？」

司馬懿説：「諸葛亮素來謹慎，從不冒險。今天如此大開城門，必是誘兵之計，城內定有埋伏。我們若是闖進去，就會吃虧。趕快退兵！」

於是他命令兩路魏兵同時調轉馬頭撤退。

等魏軍走遠了，諸葛亮在城頭拍掌大笑説：「司馬懿想不到一向謹慎的我，今天會冒這個險來大唱空城

小知識

①**鶴氅**：氅，粵音廠。用鳥的羽毛製成的外衣。

②**綸巾**：古代用青絲帶做的頭巾，因為諸葛亮很喜歡戴，所以後人稱為「諸葛巾」。

③**古琴**：古代一種弦樂器，用梧桐木做成，有五根弦，後增加到七根，也叫七弦琴。

計！我實在是出於不得已才這麼做的。他一定以為我們城內有伏兵，現在必定由山北小路退去，我們的關、張二將恭候着呢！」

眾人都歎服諸葛亮的神機妙算。有人說：「若是我，早就棄城逃了！」

諸葛亮說：「我們只有兩千五百人，走不多遠就會給他們追上捉住。不過，現在我們倒是真該撤退了，我料定司馬懿還會回來的。」

於是諸葛亮帶領大家離開西城，很快撤退到漢中。

果然，司馬懿從武功山小路退兵時，忽聽得山林中響起一片鼓聲，殺聲震天。這正是埋伏在那兒的關興和張苞帶領的兵，諸葛亮囑咐他們：只需虛張聲勢，不必追擊。司馬懿弄不清山谷裏有多少伏兵，只得棄了物資匆匆退走。關興和張苞不費一兵一卒，獲得大批兵器和糧草，勝利回到漢中。

過了兩天，司馬懿探聽到蜀軍已退回漢中，又帶兵到西城，這才知道那天其實城中只兩千五百名士兵，既無武將，又沒埋伏，連武功山上的伏兵也只有三千而已。他頓足歎息，後悔極了。

之後，諸葛亮又率軍進行了五次北伐。為了解決

山區軍糧運輸問題，他設計出「**木牛**①」和「**流馬**②」兩種獨輪小車，用來在山區小道上運軍糧，十分有效。

可惜的是在公元234年，諸葛亮發動十萬大軍進行最後一次北伐時，因操勞過度而一病不起，死在渭水南岸**五丈原**③的軍營裏，終年五十四歲。他這一生真正做到了對漢皇室「鞠躬盡瘁，死而後已」。

諸葛亮統一中原的願望沒能實現，但這位傑出政治家、軍事家的過人智慧和忠貞品格一直為後人所稱頌。

小知識

①**木牛**：有一個車輪和四條木腳的小車，形狀像牛，腹部方形，內可放置一個士兵一年的用糧，行進時每天可前進數十里，也可立地停放。

②**流馬**：是改進和擴大了的木牛，由左右兩肋、前後四個輪子、兩個車軸和兩根杠桿組成。糧食放在杠桿上，全車可載糧食四石六斗。這種四輪車由四個人推動，形狀像馬，所以叫「流馬」。石，是古代的容量單位。

③**五丈原**：今陝西省眉縣西南。

智者諸葛孔明

諸葛亮（公元 181-234 年），孔明是他的字。年青時他隱居在荊州襄陽郊區耕讀，很有才氣，所以人們也稱他為臥龍先生。

諸葛亮不僅是傑出的政治家、軍事家，還是優秀的散文家、書法家和發明家。他設計的木牛和流馬就是現今獨輪小車的前身，沿用到今的生活用品還有孔明茶（南征時帶到西雙版納的茶）、孔明燈（被敵軍圍困時報信用的紙燈籠，外形像孔明戴的帽子，現民間作祈福用）、孔明菜（醃製的芥菜）、孔明鎖（一種榫卯結構的智力玩具）等。

後人還從諸葛亮的事跡中總結出很多有趣的歇後語，我們不妨學習幾條：

事後諸葛亮：馬後炮，人人會做	草船借箭：萬事具備，只差東風；有借無還
三請諸葛亮：誠心誠意	諸葛亮的錦囊：神機妙算
劉備得孔明：如魚得水	諸葛亮用兵：神出鬼沒
孔明張嘴：計上心來	曹操諸葛亮：脾氣不一樣
孔明誇諸葛亮：自吹自擂	三個臭皮匠：勝一個諸葛亮

15. 司馬父子奪天下

人們常用「司馬昭之心，路人皆知」來形容某些人心懷叵測，而又暴露無遺。這句成語就來自司馬氏篡奪魏國政權的一個故事。這事的起頭還得從司馬昭的父親司馬懿說起，他才是這次篡權事件的關鍵性人物。

司馬懿出身大士族地主家庭，祖先世世代代都做官。司馬懿本人才智出眾，能文能武，青少年時在社會上就很有名氣。在他二十九歲時，曹操當了漢朝的丞相，為了爭取名士支持，他便邀請司馬懿出來做官，但是司馬懿嫌曹操出身低微，看不起他，不想為他工作，便假裝說得了**風痺病**①。

曹操懷疑司馬懿是有意推託，便派了一個刺客深夜闖進司馬懿家去察看真情。

刺客躡手躡腳進入司馬懿的臥室，果然看到司馬懿直挺挺地躺在牀上，一動也不動。

刺客就拔出佩刀，架在司馬懿的身上，裝着要劈下的樣子來試探他。假如是一個正常的人，一定會嚇得跳起來，但是牀上裝病的司馬懿真有一手！他只是瞪着眼望了望刺客，身體紋絲不動。刺客這才不得不相信他

是真的有病動不了，收起刀向曹操回報去了。

司馬懿知道自己躲不過去，過了一段時間他放出消息說風痺病①治好了。曹操再次召請他時，他就答應了。他曾先後在曹操和曹丕手下擔任過重要職位，到魏明帝時，司馬懿已是元老，掌握大部分兵權，是魏國最有權勢的大臣。

司馬懿為人圓滑，野心勃勃。他一面發展自己勢力，一面觀察時勢。魏明帝生活荒淫無度，又大肆建造宮室**園囿**②，弄得國庫空虛，百姓怨聲載道，曹魏政權開始衰落。司馬懿就趁機收買人心，擴大勢力。

公元239年明帝在臨死前，託大將曹爽和太尉司馬懿兩人輔佐八歲的太子曹芳即位，就是魏少帝。曹爽是曹操的姪孫，勢力大，但論能力和資格卻遠遠比不上司馬懿，所以他排擠司馬懿，把他降為**太傅**③，當了少帝

小知識

①**風痺病**：一種病，患者的肌肉、關節酸痛麻木，行動不便。

②**園囿**：畜養禽獸的園林。

③**太傅**：輔導太子的官。

的老師，其實是奪了他的實際權力；同時曹爽又把自己的兄弟和親信安排在重要職位上。

司馬懿對這一切都毫不干涉，因為時機不成熟，他再一次裝病躲在家裏不露面，而暗中卻與兩個兒子一起策劃政變。

曹爽見司馬懿病了，不能上朝，心中高興，但畢竟有些不放心，便派自己的親信李勝去探探真假。李勝正好要調任，便藉口去辭行。

司馬懿故意裝出重病在身的樣子，披頭散髮，蓋着被子半靠在牀上。李勝對他說：「我要到荊州去當刺史了，特地來向您告別。」

司馬懿喘着氣說：「并州在北方，接近胡人，你要好好防備呀。我怕是再也見不到你了。」

李勝說：「您聽錯了，我是去荊州，不是并州。」他大聲說了兩遍，司馬懿才聽清楚。

司馬懿又向婢女示意要喝粥，喝時把粥流了一身，手腳都顫顫悠悠的。李勝回去告訴曹爽：「太傅就剩一口氣了，您不必擔心他了！」

公元249年新年，魏少帝到城外去祭拜祖陵，曹爽和他的兄弟、親信全跟了去。哪知道他們剛一出城，太

傅司馬懿的「病」就全好了。他披上盔甲，帶兩個兒子司馬師和司馬昭，用迅雷不及掩耳的手段發動了政變。他們佔據了城門和兵庫，控制了中央禁軍，逼曹爽交出兵權，之後以謀反罪名殺了曹爽一伙。朝廷實權轉到司馬氏手中。

司馬懿死後，大權落在司馬師司馬昭弟兄手中。誰要反對他們，就被殺掉。司馬師還廢了少帝，立曹丕的一個孫子曹髦為帝。司馬師死後，司馬昭接替他當了大將軍和丞相，更加專橫，不把魏帝放在眼裏。

曹髦實在忍不住了。一天，他召三個大臣來，氣憤地說：「司馬昭的野心，連過路人都知道了。我不能坐等他來廢掉我，今天我就要和你們一起去討伐他。」

誰知這三個大臣中的兩個立即去向司馬昭告了密。二十歲的曹髦只得領了幾名侍從太監，鼓噪着從宮裏殺出來，曹髦手提寶劍站在車上指揮。

司馬昭的心腹帶了一隊士兵趕來，雙方打了起來。一名士兵受了鼓動，拿起長矛就往曹髦身上刺去，曹髦來不及招架，被刺穿胸膛，跌下車來，就這樣死了。

司馬昭除掉曹髦，就從曹操的後代中另找了一個十五歲的曹奐，就是魏元帝。

司馬昭認為內部已穩定，便於公元263年春天派十八萬大軍，分三路伐蜀。五十八歲的蜀漢後主劉禪投降，蜀國滅亡。

司馬昭滅了蜀國，威信大為提高，魏元帝封他為晉公，不久又升為晉王，並拜他為相國。可是不久後司馬昭病死了，公元265年，他的兒子司馬炎重演曹丕代漢的一幕，迫使魏帝曹奐「禪位」，自己稱帝，建立晉朝，歷史上稱西晉，司馬炎即晉武帝。

16. 樓船隊滅吳

　　蜀國滅亡後，西晉唯一要對付的就是東吳。西晉有個老將叫羊祜，早在籌劃如何消滅東吳，統一中國。

　　羊祜是荊州都督，駐守在靠近東吳邊境上的一個小鎮南夏，他決心把南夏治理好，作為伐吳的基地，並以此贏得東吳的人心。所以他在南夏叫士兵墾荒種田，對東吳軍民招撫誘降，百般關心。他的工作很有成效，東吳人都尊敬地稱他為「羊公」。

　　與此同時，羊祜也加緊滅吳的軍事部署。他認為在攻吳的戰役中，水路作戰是個相當重要的部分。他向晉武帝推薦了益州刺史王濬來負責這方面的工作。

　　晉武帝任命王濬為龍驤（粵音相）將軍，在長江上游督造戰船，訓練水軍。

◀ 樓船

　　王濬是個很能幹的人，他監督製造了一大批很特別的戰船，這種戰船很大，能容納兩千多人。船上還造了城牆城樓，人站在上面可以四面瞭望，所以也叫做「樓船」。

造船工作是秘密進行的，為的是不讓東吳知道。東吳有個太守叫吾彥，一天在長江邊散步，無意中發現從上游順流而下的江水中，漂浮着很多大大小小的木片。他撈起幾塊木片來看了看，那是一些從上好的硬木料上砍劈下來的。於是他一連幾天繼續觀察，發現江面上的木片越來越多。

　　吾彥很有頭腦，他立刻拿着木片去報告吳主孫皓説：「這些木片一定是晉軍在上游造船時劈下來的。看來他們在積極準備從水路進攻東吳，我們要早作防備！」

　　孫皓是孫權的孫子，但他並沒有承襲祖上的治國才能。他登位之後，製訂了許多苛政嚴法，增加税收，又大修宮殿，盡情享樂，並用剝臉皮、挖眼睛等酷刑鎮壓百姓，搞到君臣離心，百姓憂恐，國力也大為衰落。此刻，他聽了吾彥的分析之後，不但沒引起警惕，反而滿不在乎地説：「怕什麼！即使他們打來，我們有長江三峽天險，他們也渡不了這個關！」

　　君主這麼不在意，臣子再勸説也無用。可是吾彥總是不放心。於是他召來一些工匠想了個辦法：在江面險要的地方打下了不少大**木樁**①，釘上碗口粗的大鐵鏈，串在一起，把長江攔腰截住；又把一些一丈多高尖

利的**鐵錐**②安裝在水面下，好像投了無數暗礁，使晉國戰船沒法通過。

公元279年，晉武帝發兵二十萬，分六支隊伍從兩個方面，即由中、東面的陸路以及王濬率領水軍沿大江向東進攻。過了年，中、東兩路的陸軍人馬都節節勝利，只有王濬的水軍開到秭歸後，因為樓船船隊被鐵鏈和鐵錐所阻，不能前進。

王濬很有辦法，他馬上想出了對策：他命令士兵趕造了幾十隻大木筏，每隻寬百餘步，上面放了一些草人，披上盔甲，手拿刀槍，假裝是晉兵，又挑了一些水性好的士兵帶着這些木筏漂流而下。這些木筏碰到鐵錐，鐵錐的尖頭扎在木筏底下，就被木筏帶走了，這樣就為戰船掃清了道路。

怎麼對付江面上的長鐵鏈呢？王濬叫士兵們在木筏上架上許多長十餘尺，大數十圍的火把，灌足麻油。讓這些載着火把的木筏駛在戰船前面，遇到鐵鏈就點起

小知識

①**木樁**：一端或全部埋在土中的柱形物，多用於建築或做分界的標誌。

②**鐵錐**：有尖頭，用來鑽孔的鐵製工具。

火來，熊熊大火很快就把鐵鏈燒熔了。王濬用這些辦法衝破了吳軍的封鎖線，樓船隊順流而下，聲勢浩大。

孫皓這才着了慌，派水軍一萬人去抵抗。吳軍將士一看，滿江都是晉軍高大的樓船，船下無數面旗幟迎風飄揚，連天空也給遮住了。東吳水軍好久沒訓練，看到這陣勢就趕快投降了。

王濬的水軍幾乎沒遇到什麼抵抗，勢如破竹，一帆風順地到了**建業**①。建業附近百里江面上全是晉軍的樓船。王濬率領八萬水軍將士上了岸，進了建業城。

孫皓只好像**安樂公**②劉禪那樣，脫下上衣，反綁雙手，向王濬投降。公元280年，東漢以來百年分裂割據的局面結束，國家又重新統一了。

小知識

①**建業**：今江蘇省南京市。本稱秣陵，公元 229 年孫權在此建都，改稱建業，282 年又改稱建鄴。此後東晉、南朝的宋、齊、梁、陳均相繼在此建都，有「六朝古都」之稱。

②**安樂公**：蜀漢後主劉禪投降西晉後，被遷到洛陽居住，只顧吃喝玩樂，不再思念蜀國故土，被人稱為「樂不思蜀的安樂公」。

17. 石崇王愷鬥富

滅吳之後，晉武帝可以安安穩穩地當他的皇帝了。由於司馬氏原先就是豪族地主，西晉政權也是在世家豪族支持下建立的，因此這個政權處處縱容豪族地主，從皇帝到大臣到地方富豪，奢靡成風，窮奢極慾，在歷史下是很突出的。

石崇和王愷，是當時在京都洛陽出名的兩大富豪。

王愷是晉武帝的舅父，被封為山都縣公，擁有一千八百戶的封地，還做過大官。搜刮了很多民脂民膏，財富龐大，權勢也大。

石崇是個大官僚，靠他家世世代代的官場生活，積累了巨大的財富，擁有大量的珍寶、田宅、金錢和八百多名奴僕。他家的**水碓**①就有三十多處，農民想把糙米舂成白米，借用一下他家的水碓，就要被扣下許多

小知識

①**水碓**：用水力推動的舂米用具。碓是用柱子架起一根木槓，一端裝一塊圓形石，用人力或水力推動石頭起落，去掉下面石臼中糙米的皮。

白米作春稅。

　　石崇的錢財究竟有多少？誰也說不清。這麼多錢是從哪兒來的呢？原來他當過幾年荊州刺史，在這期間除了搜刮老百姓財富之外，還幹過搶劫的勾當。有些外國使節或商人經過荊州，石崇就派部下去敲詐勒索，甚至公開殺人搶貨。這樣，他成了當地最大的富豪，家裏用的是最好的絲綢，吃的是山珍海味，連廁所裏都有衣着華麗的侍女端香，為入廁的貴人服務。家中亭台樓閣，珍寶古玩，應有盡有。

　　王愷仗着自己是皇親國舅，對石崇很不服氣，一心想把他壓下去。王愷叫家人煮完飯後用**飴糖**①水洗鍋，並故意把這事傳到石崇耳裏。石崇聽後笑了笑，對僕人說：「飴糖水值幾個錢？我們家有好多白蠟，以後生爐子不要用柴了，就用白蠟吧！」這下，王愷輸了。

　　王愷為了講排場，在他家門前的大路兩旁，用紫色的絲織成布，圍了四十里的夾道屏障。誰要上王愷家，都會經過這道美麗的紫絲牆。這個奢華的裝飾，轟動了洛陽城。

　　石崇聽說後，就叫人用五彩的織錦花緞，在家門附近鋪設了五十里長的夾道擋風牆。這下，他又勝過了王愷。

王愷想出新招，用赤石脂來抹牆，把家裏的牆壁塗得富麗堂皇；石崇不認輸，就用**香椒**②泥抹牆，使家裏的房屋芳香撲鼻，又比王愷高了一着。

　　王愷沒招了，哭喪着臉去請晉武帝幫忙。晉武帝見兩大富豪鬥富很有趣，就送給王愷一棵外國進貢的**珊瑚**③樹，好讓他去炫耀一番。

　　王愷大喜，心想這樣的國寶石崇哪會有？便特意請了石崇和一批官員上他家來吃飯。席間，王愷説：「我家有件罕見的珍寶，請大家觀賞一番。」説着，令侍女捧上珊瑚樹。

　　這株珊瑚樹有兩尺高，枝條均勻，扶疏多姿，色澤粉紅，光彩奪目。眾人讚不絕口。

小知識

①**飴糖**：用麥芽、谷芽做的糖。

②**香椒**：一種果實和種子有刺激性味道的植物，用椒和泥塗牆，温暖而且有香氣。

③**珊瑚**：熱帶海中有一種叫珊瑚蟲的腔腸動物，分泌的石灰質骨骼聚集而成的東西叫珊瑚，形狀像樹枝，多為紅色，也有白色及黑色，可供玩賞或裝飾用。

誰知石崇只是在一旁冷笑。他隨手拿起一個鐵**如意**①，「砰」地一聲就把那株珊瑚樹打爛了。眾人驚得目瞪口呆。王愷氣得跳了起來：「這是皇上賜我的無價之寶，你賠我！」

石崇哈哈大笑：「國舅息怒，我賠你就是。」他立即叫他的隨從人員回去，把家裏的珊瑚樹統統搬來讓王愷挑。

僕人搬來了幾十株珊瑚樹，其中三、四尺高的就有六、七株，像王愷那樣兩尺高的就更多了，株株挺拔，紅的紅、白的白，鮮艷無比。

眾人都看呆了。王愷這才知道石崇家的財富比他不知多出多少倍，只好認輸。

他們不僅揮霍財富如糞土，而且還把人命視作兒戲。王愷請客吃飯，要歌伎在旁吹笛伴酒，如果稍有失音走調，就把歌伎拉到台階上殺了。石崇則是叫美女勸客飲酒，客人喝不完酒，就殺掉勸酒的美女。有一次，一個殘忍的官員要看他殺人取樂，就故意不喝酒，石崇就一連殺了三個美女！

皇帝就更不用說了。晉武帝的生活十分奢侈腐化。他為祖宗修建了一座太廟，銅柱上塗上黃金，鑲了

珍珠；又為自己造了豪華的宮殿，挑選了一萬名宮女服侍他。

上行下效，他的大臣們紛紛學樣。太尉何曾家的門簾、帳子、車篷都用上等絲綢做成；他家的飯食十分講究，每天伙食費花一萬個錢，足夠當時一千人吃一個月！武帝的駙馬發明用人奶餵養小豬，說這種小豬蒸出來十分肥美可口，還受到了武帝讚賞。

有個叫傅咸的大臣，實在看不過這種奢侈之風，給晉武帝上了一道奏章說：「奢侈之害，甚於天災。」意思是天災有一定限度，互相比奢侈，是沒有止境的。

晉武帝根本沒有理睬他。

西晉王朝從一開始就這樣腐敗，這就注定它要短命夭亡了。所以西晉只維持了短短二十多年的安定局面，很快就發生了內亂。

腐化，就好比是蘋果內的蛀心蟲，從內部開始，毀了整個國家。這是多麼可怕的一種風氣啊！

小知識

①如意：一種象徵吉祥的器物，用玉、竹、骨等製成，頭呈靈芝形或雲形，柄微曲，供賞玩。

18. 白癡皇帝

晉武帝司馬炎一世精明，善於玩弄權術，可是說也奇怪，他的兒子——太子司馬衷偏偏是一個什麼也不懂的低能兒。

司馬衷九歲被立為太子。他從小在皇宮裏長大，一直過着極其奢侈享樂的生活，什麼打天下的艱難，治天下的不易，對他來說完全是一竅不通。

更糟糕的是，這位太子是個白癡，從小呆呆傻傻，什麼都學不進去。他也不愛念書，一看見書就逃，整天只知道吃喝玩樂。

這樣一個孩子，實在不適合當一國之君。有些大臣想勸晉武帝另立太子，但是不敢明說。有一天，在晉武帝舉行的宴會上，一個大臣叫衞瓘的假裝喝醉了酒，倒在晉武帝的**御座**①面前。他用手撫摸着御座，嘴裏含含糊糊地嘟噥着說：「唉，太可惜了這個座位！」

晉武帝聽了，馬上明白他的意思，但是武帝假裝沒聽懂，說：「你在胡說些什麼，一定喝多了吧。」就吩咐侍從把衞瓘扶起來送回家。

自此以後，大臣們都不敢向武帝再提此事。

司馬衷十三歲時，武帝便為他物色妻子，希望挑一位能幹賢慧的內助，日後幫助他治理天下。

　　朝廷裏有一個陰險狡猾的大臣賈充，想把自己的女兒嫁給太子。他的女兒相貌醜陋、身材短小、皮膚粗黑，而且生性嫉妒，一點兒也不配做皇后。但是，賈充卻有一個相當厲害的妻子，她運用金錢攻勢，買通了皇帝左右的人，個個都誇賈充的女兒端莊秀麗，才貌兼備，個性賢慧，最適合做皇后不過，於是賈氏就嫁入了宮中。

　　晉武帝這次選兒媳婦，真是做得大錯特錯。這位賈氏不僅醜得像**母夜叉**②，而且潑辣兇悍，野心勃勃，日後攪得朝廷一塌糊塗，種下了亡國的禍根。

　　晉武帝一直擔心司馬衷以後是否能勝任君主的職務，想考考他究竟糊塗到什麼程度。於是有一天，武帝把幾件沒處理過的公文，密封起來交太子批覆。為了避

小知識

①**御座**：皇帝的寶座。
②**母夜叉**：佛教指惡鬼，後來用以比喻相貌醜陋、兇惡的女人。

免有人暗中幫忙，他特意設了個宴會，讓侍候太子的官員全部去赴宴，只留太子一人批閱。

司馬衷把公文拿在手裏，顛來倒去，怎麼也看不明白，抓耳撓腮，不知該怎麼辦才好。

賈氏是個**工於心計**①的女人，生怕丈夫過不了關，自己日後的皇后地位也難保。她趕快派心腹把公文拿出宮去找一些有學問的人代批。

武帝拿回公文，拆閱看後覺得很滿意，以為兒子的學問有了長進，從此他就對太子放心了。

公元290年晉武帝病死，太子司馬衷即位，就是晉惠帝。雖然那時他已三十多歲了，可是國家大事他一件也管不了，還常常鬧出一些笑話來。

那時，天災嚴重，戰禍頻繁，各地都在鬧饑荒，餓死了很多人。地方官員把災情上報，請他趕快下令賑濟災民。惠帝問道：

「好端端的人怎麼會餓死？」

大臣回奏說：「當地鬧災荒，沒飯吃。」

惠帝低頭一面思索一面重複念叨着：「沒飯吃，餓死人；沒飯吃，餓死人……」忽然抬起頭來大聲說：「為什麼不去吃**肉糜**②呢？」

因為惠帝平時最愛吃肉糜。他哪知道一般老百姓逢年過節才有些肉吃，現在鬧饑荒，連樹皮草根也吃完了，哪來肉可吃？

又有一次他帶了批太監在御花園玩，正是一陣雨後，池塘裏一片咕咕呱呱的青蛙叫聲。

惠帝先是問：「這是什麼聲音啊？」

太監們回答這是青蛙在叫。

他又問：「青蛙叫得這麼起勁，是官家的，還是私人的？」

太監們聽了面面相覷。一個太監機靈地答道：「在官地裏叫的就是官家的，在私人地裏叫的就是私家的。」

你說說，一個國家落在這樣的傻瓜手中，還有不亡的嗎？

小知識

①工於心計：很善於用計謀。
②肉糜：細碎的肉末，這裏也有解釋為肉粥。

19. 小女孩搬兵解圍

晉武帝司馬炎建國後，曾分封了二十七個同姓王，維持了一段太平局面。惠帝即位後，外公楊駿掌實權，妻子賈后不甘心皇權旁落，就利用八個姓司馬的同姓王來奪權。由此挑起了一場長達十六年的「八王之亂」，統治集團內部的爭權奪利給人民帶來嚴重災難，多處發生起義。一些有野心的地主官僚也趁機起兵，擴張自己的勢力。一個叫杜曾的小官就逐漸把自己勢力擴展到沔陽一帶，氣勢洶洶地帶領人馬包圍了**宛城**①，由此發生了一個小女孩搬兵救城的動人故事。

那時，宛城的太守叫荀崧，是個有名望的讀書人。他手下的兵力不多，軍民死守已有數月之久，眼見城裏糧食也快吃完，城外杜曾的圍兵不像有撤退的樣子，他心裏十分着急。

荀崧召集宛城的文武官員們齊來開會，商討對策。他説：「如今強敵壓境，城內兵力缺少，糧食又不足，看來堅持不長了，怎麼辦？」

大家皺着眉，苦着臉，你瞧瞧我，我望望你，都想不出好辦法來。

有個謀士建議說：「將軍的老朋友石覽，在襄陽做太守，離這兒只有百里地，何不派人到他那裏去請救兵？」

經他一提醒，荀崧才想起這事，覺得是一個好辦法。可是，派誰去送信呢？

這可是個大難題，有人說：「一出城門就是杜曾的軍隊，太危險了！」

真是太危險了。大家都默不作聲，誰也沒有勇氣來接受這個冒險的任務。

荀崧歎了口氣，急得在大廳裏來回踱起步來。廳裏一片寂靜。

忽然，一個活潑的小女孩從後廳走了出來，大聲說：「不衝出去求援，難道我們就一齊等死嗎？」

「不許胡鬧！大人們討論事情，小孩不許插嘴！」荀崧斥責道。原來這女孩是他的小女兒荀灌，今年才十三歲。她會騎馬射箭，也善於寫詩著文，稱得上

小知識

①**宛城**：今稱南陽，位於河南省西南部，河南、湖北、陝西三省交界處。

是文武全才，是荀崧的掌上明珠。

「我不是胡鬧。爹爹，我願去求援！」荀灌一本正經地說。

一個上年紀的大官反對說：「不行！我們怎能把全城人的命運交在一個女娃手裏呢！」

「秤砣雖小壓千斤，女娃也能膽大任，伯伯別小看我呀！」荀灌彬彬有禮地回敬他。

那大官即刻啞口無言。荀崧倒來為他解圍：「伯伯說的也有道理。你願去當然很好，只是杜曾的軍隊把城圍了好幾重，靠你這弱小的女孩，怎麼衝得出去呢？」

荀灌說：「爹爹，女兒平日跟將士們練武，學了些本領。我相信自己一定會衝出重圍完成任務，您放心好了。」

荀崧當然不想讓女兒去冒這大風險，可是沒有人去試的話，大家都得完蛋。所以他也只好答允了。

眾將士見這女孩這麼勇敢沉着，十分佩服，當場好多人紛紛要求護送她突圍，荀灌挑了十幾名壯士同行。

荀崧寫了一封給石覽的信，叫荀灌帶着。父女倆又商量突圍的具體做法，直到深夜。

到了半夜，荀灌和十幾名壯士穿上輕便服裝，從

城牆上沿繩爬下，到了城外。趁着月黑風高，他們急速向遠方跑去，離城越來越遠。可是，圍城的哨兵發現了這小隊人馬，追殺過來。荀灌要大家且戰且走，只要進了山就安全了。追兵本就不多，荀灌手舉寶刀邊殺邊向山邊跑去，壯士們也一湧而上，打散了敵兵。等杜曾他們聞訊趕到，荀灌一行已鑽入深山密林中，跑得無影無蹤了。

荀灌一行一路連夜急行軍，不久就趕到襄陽城。太守石覽本是荀崧的部下，見這小女孩能突出重圍前來求救，不由得肅然起敬。他決定親自帶兵去救荀崧，但因兵力不足，提議最好請尋陽太守周訪一起出兵。

荀灌就當場磨墨，用父親名義寫信給周太守。她不假思索地一揮而就，令石覽稱讚不已。

兩地共幾千援軍開到，荀崧也帶軍衝出，三面夾攻，杜曾被打得大敗而逃。

一個十三歲的女孩能不畏艱險，拯救了全城人的性命，為歷史寫下動人的一頁。

20. 王與馬共天下

公元316年，已割據一方稱帝的匈奴人劉聰攻下長安，俘殺晉愍帝（愍，粵音敏），自此，西晉王朝亡。晉愍帝在被俘前留下詔書，要鎮守在**建康**①的琅琊王——司馬睿繼承皇位。

司馬睿是司馬懿的曾孫，十五歲**嗣位**②為琅琊王之後，交結了琅琊郡的大世族王導。王導在當地很有名望，他富有政治經驗，看出西晉的天下已大亂，以後有可能利用司馬睿來建立小朝廷，所以竭力奉承巴結他，勸他結集力量，復興國家；司馬睿非常崇拜王導，把他當知心朋友。

晉懷帝派司馬睿去駐守建康，負責揚州、江南的軍事。當時司馬睿在西晉皇族中的地位和名望都不高，所以他帶去一批北方的親信官員，其中就有王導。司馬睿事事都要詢問王導的意見，言聽計從。

小知識

①**建康**：原名建業，今江蘇南京市。

②**嗣位**：即繼承父親爵位。

司馬睿剛到建康時，一些江南的世族地主都嫌他地位低，看不起他。上任一個多月了，還沒有一個有名望的世族來拜訪過他。司馬睿很是憂慮，要王導幫他想想辦法。

王導畢竟是個有辦法的人，在他的精心策劃下，上演了戲劇性的一幕：

這年的三月初三，按當地風俗是「禊節」，官員和百姓都要到江邊去求福消災。於是，在這一天，王導讓司馬睿以觀看官民度節為名，坐着極為華麗的**轎子**①，前面有威嚴的儀仗隊鳴鑼開道，後面有王導、王敦和北方來的一些名士和大官騎着高頭大馬簇擁着，擺出一支陣容強大的隊伍，以顯示司馬睿的尊貴顯赫。

這一天，很多人在江邊看熱鬧，大家看到這從未見過的大排場，深受震動。

江南的名門望族顧榮等人聽到消息後，先是在門縫中張望。他們見到這陣容已是大吃一驚，再看到王導、王敦這些有聲望的人士對司馬睿這樣尊敬，便急忙跑出來排在路旁，拜見司馬睿。

這齣戲，是王導和他的堂哥、揚州刺史王敦商量

後，共同炮製的。

　　這一下，大大提高了司馬睿在江南世族地主中的威望。王導對司馬睿說：「顧榮、賀循是這一帶的名士，只要把他們兩人拉過來，別人就都會跟着來。」

　　司馬睿就派王導登門請顧榮、賀循出來做官，兩人高興地接受了。在這兩人帶動下，江南世族紛紛出來擁護司馬睿，司馬睿取得了他們的合作，在建康站住了腳跟。

　　北方開始大亂後，江東是相對比較安定的地方，北方的世族地主紛紛逃來避難。王導便勸司馬睿把他們中間有聲望的人拉過來。司馬睿聽取了他的意見，先後吸收了一百零六個人到王府來做官。

　　由於得到南方以及北方南遷的兩部分世族的擁護和支持，司馬睿的地位更鞏固了，他對王導更是感激萬分。

小知識

①**轎子**：舊時的交通工具。方形，用竹子或木頭製成，外面套着帷子，兩邊各有一根桿子，由人抬着走。

公元318年，晉愍帝被劉聰殺死，司馬睿聽從王導的建議在建康即位，重建晉朝，這就是晉元帝和東晉王朝。

司馬睿認為王導幫助自己復興晉室，功勞極大；王導又是聯繫南北世族的關鍵人物，所以對他極為重視。在**登極大典**①上，王導和文武官員都來朝見，司馬睿從御座上站了起來，竟要拉着王導和他同坐御座，受百官朝拜。

王導大吃一驚，堅決推辭了，但是晉元帝對王導的重視是顯而易見的。後來他封王導為尚書，掌管朝內行政大權；王敦掌管軍事，手握重兵鎮守荊州；王家子弟中很多都擔任了要職。在東晉朝廷中，司馬氏有其位，王氏有其權，王家與司馬氏幾乎到了平起平坐的地步。所以當時流傳的這句話：「王與馬共天下」，的確是東晉初年實際情況的反映。

小知識
①**登極大典**：指皇帝登位的典禮。

21. 祖逖中流擊楫

公元四世紀初，匈奴人佔領中原，西晉滅亡，北方許多人逃難到南方。晉宗室司馬睿在建康建立了東晉王朝。當時南遷的百姓希望朝廷能北伐匈奴，北方的漢族人民也盼望東晉出兵解救他們，但晉元帝滿足於偏安江南，一心鞏固現有統治，不想出師討伐匈奴。有一些滿懷激情的愛國者不甘心忍受國家殘破的局面，立志要驅逐敵人，收復失地。祖逖就是其中的一個。

祖逖生活在西晉後期和東晉初年，是一個識大體，有謀略、胸懷大志的愛國者。年輕的時候他和劉琨一起擔任司州主簿，兩人意氣相投，結成莫逆之交。他們往往談論國家大事談到深更半夜，互相鼓勵，都想為國家幹一番事業。

一天夜裏，他們睡得正香的時候，一陣雞啼聲把祖逖從睡夢中喚醒了。祖逖往窗外看看，天邊掛着殘月，天還沒亮呢。他不想再睡了，就把劉琨叫醒説：「聽，雞叫了，牠在催我們起牀練功呢！」

於是兩人高高興興地起來，取下掛在壁上的寶劍，到院子裏練起武來。以後他們就天天一清早**聞雞起**

舞①苦練武藝，研究兵法，終於都成了有名的將軍。

後來晉懷帝任命劉琨出任并州刺史。匈奴人劉聰攻破洛陽後，西晉的兵力大部分被打散了，只有劉琨還在并州一帶堅持戰鬥。

那時，祖逖也和別人一樣，帶着家眷親信部下數百家離開北方，遷往江南。逃難的一路上，祖逖把自己的車馬讓給老弱病人乘坐，自己卻和大家一起步行；藥物、衣服、糧食等也拿出來給大家用。人們都很敬重他。

到了江南，剛建政權的晉元帝派祖逖做了個**軍諮祭酒**②。祖逖聽説劉琨在北方堅持跟匈奴作戰，很是激動。他也想北上抗敵，可是他一無人馬，二無武器，怎麼組織軍隊呢？於是他去對元帝説：

「現在北方人民都不滿胡人的統治，只要陛下下令出兵，北方人民一定會響應！」

晉元帝低頭不語。祖逖拍拍胸脯說：「如果陛下也有這想法，我願批兵出征，洗雪國恥！」

元帝雖沒北伐的決心，但也不能拒絕祖逖這番義正詞嚴的要求。他就委任祖逖為奮威將軍，兼豫州牧，撥給他一千人的**給養**③和三千匹布，至於人和武器，叫他自己想辦法。

祖逖並不氣餒，他回去組織了自己的家族和朋友共一百多壯士，訓練了一些日子，於公元313年八月渡江北上了。

船到江心，祖逖回頭望望江南，再望望江北，心潮起伏。他從船工手裏拿過**船楫**④，高高舉起，拍打着船舷向大家發誓說：「我祖逖要是不能收復中原，就像這江水一樣有去無回！」跟隨他的壯士為他的豪言壯語所

小知識

①**聞雞起舞**：聽到清晨雞叫就起來舞劍練武，後人用以形容有志之士的奮發精神。

②**軍諮祭酒**：一種軍職，只能提供建議，沒有軍事實權。

③**給養**：軍隊所需物質和食物、飼料、燃料等。

④**船楫**：即划船用的槳。

感動，叫道：「將軍有這樣的志氣，我們還怕什麼？」

渡江後，祖逖在淮陰一面鑄造兵器，一面募兵，籌集了一支兩千多人的隊伍，就朝北出發了。

江北的人民十分歡迎祖逖的部隊，為他們送糧送信，配合打擊敵人。祖逖的將士鬥志昂揚，一連打了好幾個勝仗。幾年以內，基本上收復了黃河以南的領土。東晉朝廷為了嘉獎他，升他為鎮西將軍。

祖逖在艱苦的戰鬥環境中，和將士們同甘共苦，自己的生活十分儉樸，用省下的錢幫助部下。他還獎勵耕作，安排好從胡人統治區逃來歸附的官兵和百姓，信任他們關心他們，做好爭取人心的工作。

當地百姓都真誠擁護祖逖。他們編了歌謠歌頌祖逖，到處傳唱。一些老人讚揚祖逖説：「我們已經老了，能見到祖逖這樣的好官，死也不遺憾了！」

祖逖的節節勝利卻引起了東晉朝廷的猜忌，昏庸的元帝怕祖逖的勢力太大了不好控制，竟派人去監視他，妄圖奪他的兵權。祖逖與匈奴軍隊苦戰八年，得不到後方一點支援，朝廷還不信任他；又聽説好友劉琨被王敦派人害死，感到恢復中原是沒有指望了。他心中又憂慮又氣憤，於公元321年九月病逝了。祖逖雖然壯志未酬，但他那中流擊楫的英雄氣概一直為後人傳頌。

祖逖（公元 266-321 年）是東晉時期的著名愛國將領，他年輕時就胸懷大志、一心報國。匈奴攻陷晉都洛陽後，他主動去向晉元帝要求帶兵出征一報國仇。他的部隊曾收復了黃河以南的大片領土，深得百姓愛戴。

祖逖的事跡留給我們後代兩句成語：

聞雞起舞

千百年來激勵年輕人要勤學苦練報國本領，唐代詩人顏真卿也寫下了相應的《勸學詩》：「三更燈火五更雞，正是男兒讀書時。黑髮不知勤學早，白首方悔讀書遲。」鼓勵青年要趁早勤奮學習。

中流擊楫

是說祖逖北伐途中在江中拍擊船槳，表示殺敵的決心。這句成語我們往往用以比喻下決心，一定要打敗敵人收復失地的英勇氣概。南宋抗元軍的民族英雄文天祥在他那首傳誦千古的五言詩《正氣歌》中，有一句就是引用了祖逖的這一事跡：「或為渡江楫，慷慨吞胡羯。」

22. 王羲之寫字換鵝

　　東晉時期，出了一個中國歷史上有名的書法家——王羲之。

　　王羲之是尚書王導的從子，從小好學，才華過人，朝廷中的大臣都推薦他作官，他做過刺史，也當過右軍，所以人們也稱他王右軍。

　　王羲之七歲時就跟有名的書法家學習寫字。他學習的勁頭很大，一坐下來就百事不管，專心致志地練字。不到三年，他寫的字已是蒼勁有力、頓挫有致了。他的老師稱讚說：「這孩子的書法真有長進，將來一定比我還有名哩！」

　　王羲之十二歲那年，在父親房裏發現一本前人寫的《筆論》，這是一本專門談論寫字用筆的書。王羲之背着大人讀起來，越讀越有興趣。他父親發現後，怕他看不懂，說等他長大些再教他，但是王羲之說：「學習是不能等的，就像走路一樣，要不停地走才能前進。等我長大了再學，那就太晚了。」

　　他父親覺得他說得很有道理，便開始系統地教他用筆的方法，還常常給他講前人勤學苦練寫字的故事，

使王羲之很受啟發，得到極大鼓舞。

　　他更努力練字了，即使在走路和休息的時候，也要揣摩字體的結構。心裏想着，手指就隨着在自己的身上一豎一橫地比劃起來，日子一長，連衣服都被他劃破了。

　　他每天練完字，就要到門前的池塘裏去洗筆硯①，時間一久，池塘裏的水都變黑了。

　　後來，王羲之遊歷了許多名山大川，見到了許多晉朝以前名書法家的手跡。他非常用心地一個個臨摹，分析每人的特點，學習他們各自的長處。經過這樣的勤學苦練，王羲之的書法藝術達到了**爐火純青**②的境界。他吸取了漢魏以來各家的精華，又開闢了新的意境，形成他個人獨特的風格。他寫的字筆勢開放俊朗，結構又十分嚴謹，人們形容是：飄逸若浮雲，矯健若驚龍。

小知識

①硯：研墨的文具，有石頭的，有瓦的。

②爐火純青：爐火的溫度達到最高點，火焰就會從紅色轉成青色。道家說煉丹成功時，爐火便發出純青的火焰。用以比喻人的品德、修養、學問或技藝達到成熟、完美的境界。

公元353年三月初三，王羲之和一些名人文士共四十多人在會稽郡山陰的蘭亭地方聚會。大家一面喝酒一面寫了很多詩，最後由王羲之揮筆為這些詩寫了一篇序，就是有名的《蘭亭集序》。

這篇三百多字的短文寫得筆墨飛舞，氣象萬千，其中十九個「之」字別開生面，無一雷同，是王羲之最得意的作品，也被認為是書法藝術的珍品。

他的字越寫越好，很多人都把他寫的字當作寶貝。據說有一位**道士**①很想請王羲之給他寫一本經書，紙筆都準備好了，只怕他不答應。後來道士打聽到王羲之愛鵝，就特意買了一羣十分可愛的白鵝養在王羲之常走過的河裏。一天，王羲之路過那裏，看見這羣羽毛潔白、姿態高雅的鵝，十分喜愛，看得捨不得離開，就去要求道士把鵝賣給他。

道士故意説：「這麼好的鵝是不賣的。不過要是你能給我寫一卷經來換，倒可以商量。」王羲之馬上答

允，用了半天時間為道士抄寫了一卷經書，帶了一羣白鵝高興地走了。

王羲之為什麼特別愛鵝呢？這也是有原因的。原來王羲之常常觀察和摹做鵝掌的划水動作，來鍛煉自己的手腕，使手腕運起筆來更強勁靈活。另外，鵝頭那昂揚微曲的樣子，正如寫字時執筆的姿勢。王羲之研究鵝的動作，為的是琢磨用筆的方法。

王羲之也很富同情心。一天，他看見一個老婆婆在街上賣竹扇，一把六角，沒人買。

王羲之不忍心老婆婆在烈日下苦候，就在她的扇子上統統題了詞，説：「你只要告訴人家説是王羲之寫的，包你賣一百元一把。」

果然，一籮竹扇很快就高價賣光了。可見王羲之的書法在當時是多麼受歡迎。

王羲之的七個兒子都寫得一手好字，尤是幼子王獻之更是出眾，他繼承和發展了王羲之的書法藝術，父子倆被稱為「二王」。

小知識

①**道士**：指奉守道教經典規戒並熟習各種齋醮祭禱儀式的人。一般指道教的宗教職業者。

23. 淝水之戰

西晉滅亡後，北方陷入分裂割據的大混亂局面，一百多年中先後出現許多由少數民族貴族建立的政權，前秦是其中較大的一個。公元357年，前秦的**苻堅**①自立為帝，在漢人宰相王猛的幫助下，接受漢族文化，改進農業技術，增強了國力，於公元376年統一了北方，下一步，就想南下滅東晉了。

宰相王猛在臨終前曾懇切地對苻堅説：「東晉雖偏安江南，力量薄弱，但它繼承晉朝正統，有謝安為宰相，國內相安無事。陛下千萬不要去進攻它。前秦的敵手是鮮卑和羌，要除掉他們才能保障國家的安全。」

苻堅對王猛一向是言聽計從的，但這次卻是例外。前秦軍隊在跟東晉的幾次小規模戰鬥中取勝後，苻堅就驕傲了，以為自己天下無敵，決定要向東晉發動進攻。

在出征前的軍事會議上，有個將領提醒苻堅：「東晉有寬闊的長江作為天然屏障，我們不要小看了。」

苻堅一聽很生氣：大聲説：「哼，長江有什麼了不起！我的軍隊這麼多，大家把馬鞭子扔進長江裏，就能使江水斷流！」

公元383年八月，苻堅親自帶領八十七萬大軍從長安出發，兵分三路。向南的大路上煙塵滾滾，軍隊首尾千里相連，浩浩蕩蕩，氣勢逼人。

消息傳到東晉，孝武帝和文武大臣都嚇壞了，大家都盼着宰相謝安拿主意。

謝安為人持重，很有才幹。他沉着鎮定，處變不驚，決定自己坐鎮建康，派弟弟謝石擔任征討大都督，兒子謝玄任前鋒都督，帶領八萬軍隊前往江北抗擊秦兵；又派出五千水軍配合作戰。

秦軍出發後一路順利，苻堅的弟弟符融帶兵很快渡過了淮河，佔領了軍事重鎮壽陽，駐紮在淝水西岸。苻堅認為晉軍已經不堪一擊，就派個使者去勸降。

派去的使者不是別人，是前幾年被俘的晉軍將領朱序。朱序見了謝石就説：「我是漢人，怎能幫他們

小知識

①**苻堅**：八王之亂後，中國北方五個少數民族（匈奴、鮮卑、羯、氐、羌）紛紛建立政權，前秦是其中之一。苻堅（公元 338-385 年）是氐族人。氐，粵音低。

呢？我告訴你，秦軍誇口說有百萬強兵，但是大部分還在半路上。如果等秦軍全部到齊後，你們八萬軍很難抵擋。我看就趁他們目前人馬還未到齊時先打過去，秦軍先鋒如果吃了敗仗，後面大軍就會大亂。」

　　謝石、謝玄覺得朱序講得有理，就派大將劉牢之率領五千精兵去作一次試探性的襲擊。

　　劉牢之的部下都是北方來的人，早就想打回老家去。所以作戰英勇，一仗下來殺死秦軍十多個將領和一萬多士兵，直追到溯水東岸。

苻堅聽說先鋒部隊受到襲擊，心情很不好。他登上壽陽城樓，向淝水對岸的晉軍望去，只見晉軍陣勢森嚴，軍營整齊，那山上的草木隨風搖動，像是有無數晉兵掩藏在內。苻堅不禁大吃一驚：「瞧這滿山遍野全是晉兵，誰說他們人少呢！」其實是他心慌眼花，草木皆兵了！

　　過了幾天，謝石派使者到壽陽對苻堅說定開戰日期，條件是要秦軍把陣地向後移動一些，好讓晉軍過河後有塊地方落腳。苻堅兄弟商量後，同意把陣地後撤，

打算在晉軍渡河時進行突襲。

　　苻堅哪想到他是作出了一個絕對錯誤的決定！到了約定的日子，苻堅下令叫秦軍拔營後退，讓晉軍渡河。秦軍士兵都是由各族人湊起來的，不願為苻堅賣命，一聽向後退，掉頭就拼命往後奔跑。謝玄帶領八千騎兵搶渡淝水，衝向秦軍陣地。朱序一見時機已到，就在秦軍背後大喊：「秦軍敗了！秦軍敗了！」

　　正在後退的秦軍聽到喊聲，跑得更快了。千軍萬馬好似決堤的河水，一發不可收拾，潰不成軍。晉軍把秦軍殺得死屍成堆，血流成河。苻融在混亂中被殺，苻堅肩上中了一箭，負傷而逃。一路上，他嫌馬跑得太慢，不斷用鞭子抽打；聽到耳邊呼呼的風聲和空中傳來的鶴鳴聲，也以為是東晉追兵的喊聲，嚇得不敢停下來，他一口氣逃到淮北，清點一下幸存的人馬，只剩下十幾萬殘兵，只得狼狽回到長安。

　　晉軍乘勝追擊，追了三十多里才收兵。謝石謝玄連夜派人回首都報捷。

　　消息傳到建康時，謝安正在府中跟客人下圍棋。他看完了戰報就隨手扔在一邊，又繼續低頭下棋，一副若無其事的樣子。客人忍不住問：「前方的戰事怎麼

樣？」

　　謝安平靜地説：「沒什麼，孩子們把敵人打敗了。」客人走後，謝安再也按捺不住內心的喜悦，回房去把喜訊告訴家人，因為太高興了，走得急，在邁門坎時竟把腳上木屐的齒也碰斷了。

　　淝水戰後，前秦瓦解。不出王猛所料，鮮卑和羌背叛了秦，各自建立了後燕和後秦，苻堅被殺。其他少數民族也紛紛獨立，北方又陷於分裂混戰的局面，歷史上稱為「五胡十六國」。

知多一點

　　淝水之戰又是中國歷史上以少勝多的一次著名戰役。淝水，今叫淝河，淮河的支流，在安徽省壽縣南。

　　當時苻堅以八十七萬大軍攻打東晉，晉軍只以八萬兵馬對抗而取得大勝。苻堅不聽忠告、驕傲輕敵導致了失敗。這次戰役留給後人三個有趣的成語：

投鞭斷流

　　是苻堅出征時誇耀自己的話，比喻人馬眾多，兵力強大。

風聲鶴唳、草木皆兵

　　把耳邊呼呼的風聲和鳥叫聲都當成了敵軍追趕自己的聲響，眼見周圍的一草一木都看成是埋伏的敵兵。比喻兵敗逃跑時的驚慌恐懼的心態。

東山再起

　　東晉能人謝安一直隱居東山，不肯出來做官，後經人勸說上任了一個月又辭官回去。直到四十多歲時才又重新出來當了宰相。所以人們說他東山再起。原意是指退隱後再度任職，也比喻失勢後重新復起。

24. 輝煌的石窟藝術

公元386年，鮮卑貴族拓跋珪(粵音歸)建立了北魏，任用了一批漢族士人作謀士，使漢族文化更進一步融入，其中包括佛教的傳播。公元452年拓跋濬(粵音俊)即位，就是魏文成帝，他十分信佛敬佛，並為佛教藝術作出了一項巨大的貢獻。

有一天，魏文成帝帶着衛士騎馬出外巡查。前面有人開道，後面有人護衛，文成帝被拱擁在中間，好不威風。路人一見是皇帝的馬隊經過，紛紛走避，唯恐撞到馬隊惹上麻煩，走避不及的就在道路兩旁跪拜皇上。

馬隊的蹄聲得得，一路通行無阻。忽見一個身披袈裟的老和尚站到了路面上，兩手一張，雙腳站定，呈現個「大」字形，攔住了馬隊。

誰人竟敢擋住皇帝的去路？在前面開路的衛士大怒，下馬來抓住老和尚就要拖到一邊去。

文成帝見是位僧人前來攔路，心中也有些奇怪，想必事出有因，便吩咐衛士把和尚帶往宮中去，他要親自審問。

老和尚一見文成帝，就連連磕頭說：「貧僧阻擋

大駕，實在罪該萬死。可是貧僧確有要事相告，事不得已，只得出此下策。」

文成帝問他有什麼事，儘管說出來。

於是這位叫曇曜（粵音耀）的老和尚就對文成帝講了一個故事：「九十多年前，有一個叫樂尊的和尚走過涼州地區敦煌附近，那裏是一片荒無人煙的大沙漠，他走得又饑又渴，幾乎就要昏死倒地。忽然樂尊在三危山腳下發現有一道清澈的泉水，泉邊樹木蔥翠。他高興極了，坐下來喝足泉水歇歇腳。正在此時，他抬眼一望，見三危山上有一片金光，祥雲圍繞，耀眼奪目。樂尊立即想到這是佛光顯現，是佛在顯靈保佑他，賜給他泉水救他一命。樂尊趕緊跪在地上，口念阿彌陀佛不絕。

到了敦煌，他就招來一些石匠和畫匠，在三危山開鑿了許多石窟，又在石窟裏塑造佛像，畫上壁畫，再現佛經中的故事，以此來感謝佛的恩典，並希望佛祖繼續保佑當地百姓。這些石窟就叫莫高窟，從此就不斷有佛教徒前來布施，繼續開鑿新的石窟，成了一個有名的佛教聖地。」

魏文成帝聽了很感興趣，曇曜就進一步提議，也在都城平城附近建個石窟供人朝拜。並說：「若是陛下

有此心願，讓我找塊好地方吧！」文成帝同意了。

過了幾天，曇曜來報告説：「平城西北三里地處有座武周山，山北面叫**雲崗**①的那片崖壁開鑿石窟最合適。我看，不必像莫高窟那樣畫壁畫，乾脆就把整塊石壁雕成佛像，一定很有氣派！」文成帝很興奮，覺得這個建議很有新意，叫他趕快策劃動工。

於是曇曜招募了許多石匠來到雲崗。他們搭起高高的腳手架，架上放上長梯，石匠們就爬在梯子上幹；有時長梯也夠不着，就得從崖頂上垂下繩子，把石匠懸在半空，腳蹬着崖壁幹活。石匠們不知磨禿了多少**鐵釺**②，才鑿出了五個石窟；然後又在每個石窟裏刻了一個大石佛，最高的有四十多尺，光是佛像的一個手指就有三尺長，人站在有佛前，還沒有石佛的腳面高。個個佛像都是厚嘴脣，高鼻子，耳長及肩，神氣極了。五個石佛用以紀念北魏開國以來的五位皇帝。文成帝見了，高興得連聲説「好！好！」

小知識
①**雲崗**：今山西大同市附近。
②**鐵釺**：在岩石上鑿孔的工具，用六角、八角或圓形的鐵棍製成。

從此，雲崗成了石佛的天下，不斷有人布施在這兒鑿窟刻佛像，有坐着的、有站着的，三十多年裏總共鑿了四十多個窟，十萬多個佛像，這裏就像是一個佛國世界。

公元494年，魏孝文帝遷都洛陽後，也仿照雲崗的雕刻，開鑿了**龍門**①石窟，共有洞窟一千三百多個，**佛龕**②七百多，而且還有很多碑銘題字，是研究歷史和書法的珍貴資料。龍門石窟的建造費時二十四年，費工八十萬以上。

這些雕像的姿態優美動人，刀法剛勁有力，表現出我國古代人民高度的雕塑藝術水平。這批舉世聞名的石窟藝術是我們祖先智慧和血汗的結晶，是中國人民極其珍貴的文化遺產。

你有沒有到敦煌、雲崗和龍門去看過這些石窟？假如還沒有的話，記着一定要去一次，這麼精美的藝術品是不容錯過的呀！

小知識
①**龍門**：位於洛陽市南二十五里。
②**佛龕**：供奉佛像的小閣子，多用木頭製成。

25. 皇帝當和尚

公元420年，東晉將領劉裕即位稱帝，改國號為宋。之後的一百七十年間，由於皇室間爭位，繼宋之後相繼出現齊、梁、陳，它們都以建康為國都，地處長江以南，歷史上統稱為南朝。在北方，公元439年，鮮卑建立的北魏消滅了黃河流域的大小割據國家，統一了北方，所以結束了十六國時期。公元534年北魏分裂為東魏和西魏，最後又分別為北齊和北周所代替。因為它們都在北方，所以叫做北朝。北朝和南朝百多年對峙的這段時期，歷史上稱為南北朝。

歷史上我們只聽說過和尚當元帥、當皇帝的事，想不到在南北朝卻出了一個皇帝，他心甘情願地，幾次三番地到寺廟去當和尚，你說怪不怪？這位怪皇帝就是南朝的梁武帝。

上一卷書裏我們講過，東漢時從**天竺**①國請來兩位**沙門**②，用白馬馱來了釋迦牟尼像，由此佛教正式傳入

小知識

①**天竺**：即現在的印度。

②**沙門**：出家的佛教徒的總稱。

中國，但這時人們對佛教沒有多少認識，只是當作神仙方術家宣傳的一種道術來信奉，信奉的人也不多，影響不大。

可是到了魏晉，尤其是南北朝時期，佛教得到很大發展。天竺的各種佛教流派大都已傳入中國，佛教典籍也被大量翻譯成漢文。南北各地廣修佛寺，信徒大為增加。

在北方，兇悍的胡人統治着，也許是他們殺人太多了，害怕遭到「報應」，便想藉着信佛教來減輕一點自己的罪惡。所以一些殺人不眨眼的胡人皇帝對西方來的僧侶都十分敬畏，他們不僅自己成了佛教的忠實信徒，還聘請僧侶一起治理國家，想用佛教來安撫人心。前秦的苻堅，後秦的姚興，北魏的文成帝，南朝的宋明帝、梁武帝、陳後主等，都崇尚佛法，尊敬高僧，對佛教政治上保護，經濟上支持。

那時光在北方就建了三萬多所寺廟，出家的僧侶有兩百多萬，單是長安就有五千多個和尚。南齊的宰相蕭子良常在自己的別墅裏招待和尚，請他們講經，宰相還親自給和尚端飯菜倒茶水，十分恭敬。

梁武帝就更虔誠了。他信佛教，一生結交了不少

和尚朋友。當上皇帝後，他認為這是菩薩的報應，就決定按佛教徒那樣來生活。他只吃素，不沾葷，連祭祀和設宴時也只讓上素菜，不准殺生。他還不穿絲綢的衣服，只穿布衣，因為繅絲時要把蠶煮死，就是殺生了。

武帝在位時，在建康城裏建了五百多所寺廟。公元527年，他下令在皇宮旁邊造了一座規模宏大的同泰寺，與皇宮相通，作為皇家寺廟。他每天一早一晚到寺裏去燒香拜佛，講解佛法，説這樣做是為了替百姓消災積德。

這樣做還不過癮，於是有一天他説要到同泰寺去「捨身」出家。他脫下龍袍，穿起袈裟，住進了寺裏，整天跪在佛前，念經敲木魚，當起了和尚！這下可急壞了文武臣官，朝裏的事沒人管了，這怎麼行？

大臣們到同泰寺去，齊齊在武帝面前跪下，苦苦哀求他回宮上朝執政，但武帝照樣閉目念他的經，毫不理會，一連四天都是這樣。後來連寺裏的和尚也看不過眼了，跪下來求他回宮去，他這才起身。

可是他想，這麼做不合適。因為按照規矩，和尚還俗，要出一筆錢向寺院「贖身」，他也不能例外，不能這樣一走了之。所以第二次他又到同泰寺捨身，大臣

們請他回宮，他不理。最後大臣們拿出一萬萬錢給同泰寺為他贖身，寺裏和尚能收進一筆錢當然高興，就同意武帝還俗，大臣們就安排了儀仗到寺裏把皇帝接回來。武帝覺得自己為寺院做了件好事，功德無量。

第三次，梁武帝又想了個新花樣，他到同泰寺去捨身時，說他為了表示對佛的虔誠，不但捨了自己的身子，還把宮裏的人和全國的土地都捨了。捨得多，贖的錢當然應當更多，所以過了一個多月，大臣們才湊足了二萬萬錢去把他贖了回來。

正好在那天晚上，同泰寺裏的一座塔被火燒了。梁武帝聽到報告後，合着手掌說這一定是惡魔幹的。他下詔書說：「道越高，魔也越盛，要造一座更高的塔，才能壓住魔鬼的邪氣。」

過了一年，梁武帝又捨了一次身，大臣們又花了一萬萬錢去贖他。就這樣，梁武帝總共出家了四次，所以人家叫他「菩薩皇帝」。

有了這麼一個熱心做和尚不理國家大事的皇帝，國家還會好得了嗎？武帝沉溺於佛教，朝廷大事混亂不堪，內外防範鬆弛，最終被野心家篡權，梁武帝憂憤成疾，死在牢獄裏。

大事表

東漢	
公元189年 （漢靈帝中平六年）	靈帝死，少帝即位。董卓廢少帝，立劉協為獻帝。
公元190年 （漢獻帝初平元年）	曹操陳留起兵。
公元192年 （漢獻帝初平三年）	曹操任兗州刺史，建「青州兵」。
公元196年 （漢獻帝建安元年）	曹操迎漢獻帝到許都，改年號為建安。
公元200年 （漢獻帝建安五年）	官渡之戰，曹操勝袁紹，統一北方。
公元208年 （漢獻帝建安十三年）	赤壁之戰，曹操敗於劉備孫權，三分天下局面定。
三國時代	
公元220年 （魏文帝黃初元年）	曹操死，子曹丕代漢稱帝，國號魏、東漢亡，「三國」時代開始。
公元221年（魏黃初二年、 蜀漢章武元年）	劉備稱帝於成都，國號漢（蜀）。

公元229年（魏明帝太和三年、吳黃龍元年）	孫權在金陵稱帝，國號吳，遷都建業。
公元234年（魏青龍二年）	諸葛亮攻魏，死於五丈原。
公元249年（魏嘉平元年）	司馬父子發動政變，掌魏實權。
公元263年（魏景元四年、蜀漢炎興元年）	魏滅蜀。
公元265年（西晉泰始元年）	司馬炎篡魏，建西晉。
公元280年（西晉太康元年、吳大紀四年）	西晉滅吳，統一中國。
公元291年（西晉永平元年）	賈后專政，「八王之亂」起。
公元293年（西晉元康四年）	各族人民大起義開始。
公元304年（西晉永安元年）	匈奴劉淵叛晉，號漢王。
公元306年（西晉光熙元年）	八王之亂結束。
公元311年（西晉永嘉五年）	匈奴漢兵攻陷洛陽，虜懷帝。
公元316年（西晉建興四年）	匈奴漢兵攻佔長安，虜愍帝，西晉亡。
公元318年（東晉太興元年）	司馬睿改稱皇帝，即位建康，建立東晉。
公元383年（東晉太元八年）	淝水之戰，晉破前秦軍。
公元386年（東晉太元十一年、北魏登國元年）	拓跋珪改國號為魏，建北魏。
公元399九年（東晉隆安三年）	東南八郡農民起義。法顯從長安出發，西行求經。

公元412年（東晉義熙八年、北魏永興四年）	法顯歸國，抵青島嶗山。
公元420年（宋永初元年、北魏泰常五年）	劉裕廢晉立宋，東晉亡，南朝開始。
公元439年（宋元嘉十六年、北魏太延五年）	北魏統一北方，結束十六國局面，南北朝對峙勢成。
公元479年（齊建元元年、北魏太和三年）	宋亡，齊立。
公元502年（梁天監元年、北魏景明三年）	齊亡，梁立。
公元534年（梁中大通六年、東魏天平元年）	北魏分裂為東、西魏。
公元535年（梁大同元年、東魏天平二年）	西魏立。
公元550年（梁大寶元年、東魏武定八年）	東魏亡，北齊立。
公元556年（梁太平元年、北齊天保七年）	西魏亡，北周立。
公元557年（陳永定元年、北齊天保八年）	梁亡，陳立。
公元577年（北齊承光元年、北周建德六年）	北周滅北齊，統一北方。

中國人的故事 (共6冊)

學習名人品德與精神　幫助孩子步向成功

56位中國古今名人的成功故事

適讀年齡
9歲或以上

榮獲第二十七屆
冰心兒童圖書獎

獎

名醫和藥學家的
高明

領袖和改革家的
視野

發明家和工程師的
努力

詩人和小說家的
才華

將軍和兵法家的
勇謀

現代科學家的
毅力

系列特色

擴闊孩子視野

讓讀者了解中國六大範疇的發展與成就，六大範疇包括：政治、發明、科學、軍事、醫學、文學。

了解名人故事

講述古今中國共 56 位在不同範疇有非凡成就的佼佼者的故事，學習他們成功背後的秘訣。

學習提升自我

透過名人的故事，培養孩子的品德，學習精益求精、堅毅不屈的精神，幫助孩子步向成功。

內容程度適中

用字淺白，配以精美插圖，符合高小學生的閱讀能力，並能提升閱讀興趣。

中國歷史之旅（二版）

三國鼎立

作　　者：宋詒瑞
繪　　圖：野　人
責任編輯：趙慧雅
美術設計：李成宇
出　　版：新雅文化事業有限公司
　　　　　香港英皇道 499 號北角工業大廈 18 樓
　　　　　電話：(852) 2138 7998
　　　　　傳真：(852) 2597 4003
　　　　　網址：http://www.sunya.com.hk
　　　　　電郵：marketing@sunya.com.hk
發　　行：香港聯合書刊物流有限公司
　　　　　香港荃灣德士古道 220-248 號荃灣工業中心 16 樓
　　　　　電話：(852) 2150 2100
　　　　　傳真：(852) 2407 3062
　　　　　電郵：info@suplogistics.com.hk
印　　刷：美雅印刷製本有限公司
　　　　　九龍觀塘榮業街 6 號海濱工業大廈 4 字樓 A 室
版　　次：二〇一七年十二月二版
　　　　　二〇二二年八月第四次印刷

ISBN: 978-962-08-6897-9
18/F, North Point Industrial Building, 499 King's Road, Hong Kong
Published and printed in Hong Kong